1870

NOTES
DE GUERRE

DU CAPITAINE BILLOT

Du 4me Régiment de Cuirassiers

Publiées par M. BILLOT DE GÖLDLIN

PARIS
HONORÉ CHAMPION, LIBRAIRE-ÉDITEUR
5, QUAI MALAQUAIS, 5

1913

1870

—

NOTES DE GUERRE

Il a été tiré de cet ouvrage :
10 exemplaires sur papier du Japon ;
et 30 exemplaires sur papier de Hollande.

Le capitaine Pierre-Jules BILLOT
1821 - 1873

1870

—

NOTES
DE GUERRE

DU CAPITAINE BILLOT

Du 4me Régiment de Cuirassiers

Publiées par M. BILLOT DE GÖLDLIN

PARIS
HONORÉ CHAMPION, LIBRAIRE-ÉDITEUR
5, Quai Malaquais, 5

—

1913

AVERTISSEMENT

Les Notes de Guerre que nous publions, pensant intéresser le public, en lui présentant le tableau fidèle d'une des périodes les plus tristes de l'Histoire de France, sont la copie textuelle du carnet de l'auteur.

Ces Notes n'étaient point destinées aux indifférents, mais elles resteront, du moins nous l'espérons, comme un des nombreux témoins de ce que firent de braves gens, placés dans des circonstances peu favorables, et ne pensant qu'au Devoir.

Ce mot *Devoir*, comme le mot *Sacrifice*, semble vide de sens à la nouvelle génération, qui ne vit que de politique et d'illusions malsaines. Il est nécessaire, de temps à autre, de placer ces horribles tableaux de la guerre réelle, sous les yeux de la jeunesse, pour lui rappeler ce que firent les aînés, et avec quelle abnégation ces gens, aujourd'hui disparus, surent mourir ou du moins souffrir pour la France.

Le capitaine (Pierre-Jules) Billot naquit en Bourgogne, à Genlis, le 25 février 1821. Elevé par son père, le tirage au sort le trouva directeur de la faïencerie de Meillonnas (Ain). Appelé au service malgré ses idées pacifiques, il essaya de se faire une place dans l'armée. Malheureusement, à côté de qualités réelles, il manquait de l'art de savoir se produire.

Une lettre du général Trochu, adressée à notre cousin le général Auguste Berthaut, déplore qu'il ne puisse recommander un officier qui ne va pas dans le monde.

Cependant, dans l'intimité, le capitaine savait plaire, et ce fut dans un bal officiel qu'il rencontra la fille du du premier adjoint de Thionville, Mademoiselle Marie Putz, avec laquelle ils se maria en 1862.

Par son mariage, le capitaine se trouvait petit-fils de Madame Martin du Gard, née comtesse de Göldlin, nom que relevèrent les descendants, en vertu du diplôme autrichien du 11 Mars 1732.

Le capitaine Billot, qui avait étudié le latin avec son père, apprit l'allemand pendant ses séjours en Alsace ; et sur le tard, se mit à l'étude du grec ; il aimait les livres et l'étude.

Il avait une collection de monnaies antiques, une autre de minéraux ; et fut membre de la Société archéologique du Vendomois, l'étude du passé ayant beaucoup d'attraits pour lui.

Cet homme de bien, capitaine depuis 1863, chevalier de la Légion d'honneur depuis 1867, ne récolta dans la guerre de 1870 qu'une maladie de foie pour tout avantage, et s'éteignit à Vichy le 8 septembre 1873, désespéré de ne pas se voir apprécier à sa valeur. En octobre suivant, son nom figurait, trop tard, hélas ! dans une promotion de commandants.

Il fut l'homme de tous les devoirs ; qu'il repose en paix.

La famille Billot, fixée en Franche-Comté, est, d'après la tradition, une branche des Billot, seigneurs d'Aubigny,

Boursies, Quiéry, le Petit Beaumont, en Artois, Picardie et Ponthieu, qui porte : de gueules à la croix d'or ; au chef d'hermines.

La branche franc-comtoise, séparée à une époque déjà ancienne, a pris pour armes : d'azur à trois troncs écotés, d'or, posés en bandes, rangés en barre ; aujourd'hui parti des armes de Göldlin qui sont : d'argent à deux roses de gueules, coupé de gueules, à la fleur de lis au pied nourri, d'argent.

Cette famille, par le mariage de Monsieur Gaston Billot de Göldlin avec Mademoiselle Henriette de Mary de Longueville, se trouve issue de la race de la Pucelle, et du sang des rois de France, par les ancêtres du Chemin, de Vassy, d'Harcourt.

La branche de Franche-Comté, vu la disparition des anciens registres d'état-civil de Chaux-des-Crotenay (Jura), ne peut justifier sa filiation que depuis :

I. honorable Billot (Claude), époux de Parraud (Dyonise), avant 1646 ; d'où vint :

II. Billot (Jacques), né en 1650, marié à la Chaux, le 24 novembre 1681, avec Guy (Pierrette) ; d'où vint :

III. Billot (Augustin), né à la Chaux, le 6 avril 1687, époux de Benoit (Françoise) ; dont vint :

IV. Billot (Jean-Antoine), né le 21 Mai 1728 ; marié le 9 février 1751 avec Thouverez (Marie-Angèle) ; dont vint :

V. Billot (Claude-Ambroise), né à la Chaux, le 30 octobre 1756 ; marié le 7 février 1780 avec Leger-Fumez-Badoz (Marie-Josephte) ; d'où naquit :

VI. Billot (Jean-Claude), né le 10 septembre 1791, qui épousa, le 9 septembre 1818, Marchand (Marguerite)[1] ; dont il eut :

VII. Billot (Pierre-Jules), né à Genlis, le 25 février 1821, capitaine-commandant au 4e Régiment de cuirassiers, chevalier de la Légion d'honneur, dont le portrait figure en tête de ce livre, d'après une photographie faite à Aschersleben, pendant la captivité.

1. D'où le proche cousinage avec le général Berthaut (Auguste), ancien ministre de la Guerre, petit-fils d'une demoiselle Marguerite Marchand, et père du général Berthaut actuel.

Campagne de 1870

ARMÉE DU RHIN

CAVALERIE DE RÉSERVE

QUATRIÈME CORPS D'ARMÉE. — PREMIÈRE BRIGADE

GÉNÉRAL GIRARD

Du 20 juillet 1870, au 18 septembre suivant

En arrivant à Aschersleben, mon intention était de consigner chaque jour, en quelques mots, les impressions que je pourrais ressentir pendant mes longs moments d'ennui et d'inoccupation ; mais tout d'abord, mes idées furent absorbées par la nécessité de me procurer les vêtements qui m'étaient indispensables. Une sorte de dégoût et d'ennui s'était emparée de moi, et ce n'est qu'après plusieurs semaines passées dans ma résidence de prisonnier, que je me décide à faire un effort sur moi-même et à rassembler mes idées et impressions, qui peut-être seront exposées sans beaucoup de suite.

Avant de vous parler d'Aschersleben, qui ressemble plutôt à un grand village qu'à une ville, je désirerais rassembler mes souvenirs, encore tout nouveaux, pour pouvoir grouper les faits qui se sont produits à ma connaissance pendant la campagne qui vient de s'ouvrir, jusqu'à mon arrivée à Aschersleben.

Mercredi 20 juillet 1870. — Après bien des chants de la Marseillaise et le départ des différents régiments, le camp de Châlons, que nous habitions depuis plus de deux mois, était devenu d'une tristesse sans égale : nous partions des derniers et à petites journées, tandis que les autres régiments étaient partis par les voies rapides. Il nous semblait que la besogne se ferait sans nous et qu'il ne resterait plus un seul Prussien à combattre lorsque nous arriverions.

Enfin, à cinq heures du matin, nous quittons le camp de Châlons, nous enfilons la voie Romaine pour nous diriger ensuite sur le village d'Auve. Le 1er escadron, que je commande, est détaché à Tillois, à quatre kilomètres en arrière du gîte d'étape ; il faisait très chaud, la route était poussiéreuse, mais le gîte était bon ; on buvait avec avidité de cette bonne eau limpide qui ressemblait aussi, pour le goût, à celle que nous buvions au Camp.

J'avais, pour lieutenant en premier, M. Jeanniot, récemment sorti de l'hôpital, où il était entré, quelque temps avant, pour *delirium*. Le lieutenant en second était M. Boulard, peu zélé pour le service, mais d'un caractère très doux ; pour sous-lieutenants, MM. de Rancougne [1] et Billet. Le capitaine en second, M. d'Orcet [2], précédait la colonne, pour assurer son logement. Le régiment marchait en une seule colonne, chaque escadron prenant à son tour la tête.

Malgré les chants patriotiques qu'on ne cessait d'en-

1. (Jean-Charles) Devezeau de Rancougne, devenu plus tard colonel.
2. (Gaspard) Aragonès d'Orcet, devenu général en 1890.

tendre, il y avait peu de gaîté dans la colonne : cela tenait, sans doute, à l'excessive chaleur et à l'immense poussière qui s'élevait sur la route.

21 Juillet 1870. — Départ à cinq heures du matin ; temps magnifique. En arrivant à Sainte-Menehould, les autorités de la ville font offrir du pain et du vin à la troupe ; cette distribution se fait par fractions d'environ 25 hommes à la fois ; puis on rejoint la tête de colonne au trot. On traverse ensuite le défilé de l'Argonne et la colonne fait sa grande halte à la sortie du défilé, près du village des Illettes.

Un incident se produit pendant le déjeuner : le lieutenant Jeanniot s'emporte contre le lieutenant-colonel Lacour, qui lui donnait l'ordre de mettre pied à terre pendant le repos.

La colonne arrive à Clermont à dix heures du matin ; on distribue les billets de logement, et pendant cette opération, le lieutenant Jeanniot s'emporte de nouveau, jette son casque et ses cuirasses contre une muraille, et vient me prier de bien vouloir transmettre à l'autorité sa démission qu'il allait me remettre. Je lui fis des observations sur ses emportements, mais elles furent sans résultat. Le docteur Boutonnier est heurté violemment et volontairement, par ce qu'il avait signalé la maladie de cet officier dans ses rapports sanitaires. Cette scène se termine par la mise aux arrêts de M. Jeanniot, qui consent à entrer à l'hôpital de Verdun le lendemain, et à être conduit à cette destination par le chef d'escadrons Broutta [1].

1. Depuis lieutenant-colonel, commanda l'école de Saumur, où il prit sa retraite. Sa femme, née de la Chassaigne de Sereys, était cousine de Madame Billot.

Dans l'après-midi, la municipalité fait distribuer du vin à la troupe, à raison d'un litre par homme. Je loge chez un ancien pharmacien, qui me reçoit très courtoisement. L'eau manque dans la ville et l'on s'en procure très difficilement.

22 Juillet 1870. — Départ de Clermont à cinq heures du matin : temps chaud, et route toujours poussiéreuse ; la colonne arrive à Verdun à 11 heures ; je suis détaché avec mon escadron au village de.... situé à 6 kilomètres en avant, sur la route de Saint-Mihiel. Le gîte est bon, nous faisons baigner nos chevaux dans la Meuse ; la Mairie reçoit l'ordre de désigner cinq voitures de réquisition pour être mises, avec les conducteurs et les chevaux, à la disposition de l'administration de la guerre.

23 Juillet 1870. — Nous séjournons dans le même village ; je vais à Verdun pour faire une visite à la famille Gariel, qui veut me retenir à dîner ; je remercie et rentre à mon détachement. On a distribué aux officiers de la colonne l'indemnité d'entrée en campagne, plus soixante francs offerts par l'Empereur pour acheter un revolver.

La ville de Verdun est encombrée par des voitures de réquisition devant se rendre dans la direction de Metz ; on les dirige d'abord sur Etain, et les charretiers. dans leur précipitation à vouloir sortir de la ville les premiers, se disputent, se heurtent, et l'un d'eux est précipité sous les roues d'une voiture chargée, où il trouve la mort.

Dimanche 24 Juillet 1870. — Départ de Verdun à cinq heures du matin ; notre escadron monte à cheval à cinq heures et demie et rejoint la colonne, en avant, sur la grande route : beau temps, route semblable aux jours précédents. Arrivé à Woel à 10 heures du matin. La municipalité fait distribuer du vin à la troupe. Je suis détaché à Doncourt avec mon escadron, à l'exception d'un peloton, qui est détaché au village de Saint-Hilaire. Nous dînons chez M. N.., l'eau est très rare dans ce village ; on en trouve à peine pour faire la soupe ; les chevaux vont s'abreuver au village de Saint-Hilaire, où il y a un ruisseau.

Lundi 25 Juillet 1870. — Départ de Doncourt à quatre heures et demie du matin ; nous rejoignons la colonne à Woel : beau temps, route très accidentée ; on arrive à Pont-à-Mousson à dix heures et demie. La ville est occupée par le 7e cuirassiers et le 12e dragons. Je suis détaché, avec mon escadron, à Blenod-les-Pont-à-Mousson. Je loge chez M. N. au château. A midi et demi commence le passage des régiments de voltigeurs de la Garde, se rendant dans la direction de Metz, avec leur artillerie. La chaleur est excessive ; beaucoup d'hommes ne suivent pas la colonne, cherchent à se reposer et à se raffraîchir à l'ombre des maisons du village. Des ordonnances d'officiers achètent de la volaille, des œufs, du beurre destinés au repas du soir des officiers lors de l'arrivée au bivouac. A quatre heures de l'après-midi je vois arriver, en voiture, Madame Billot et son fils, qui, se rendant à Nancy avec Madame Putz, étaient descendus à Pont-à-Mousson, espérant m'y rencontrer, puis, étaient venus au détachement, sur les renseignements fournis par des officiers du régiment.

Ils sont repartis à six heures pour Nancy, et nous sommes

allés dîner, assez difficilement, dans une auberge du village, avec MM. Boulard et Béchelé.

26 Juillet 1870. — Départ de Blénod-lès-Pont-à-Mousson à cinq heures et demie du matin ; la route est libre jusqu'au village de Dieulouard, que nous traversons, puis, à partir de ce point, nous commençons à rencontrer les zouaves, les grenadiers et l'artillerie de la Garde, se rendant de Nancy vers la direction de Metz. L'encombrement de la route empêche l'allure du trot, et la colonne marche au pas jusqu'à Nancy, où nous arrivons à dix heures et demie. Le régiment est logé, partie dans la ville et ses faubourgs, partie dans les villages voisins. La cavalerie de la Garde est campée sur la rive droite de la Meurthe, derrière le faubourg de Maxéville. Cette grande concentration de cavalerie rend les distributions de fourrage très difficiles, et elles ne se terminent qu'à dix heures du soir ; les détachements sont dans la nécessité de se faire servir par réquisition.

Je suis logé chez Madame Martin du Gard, au milieu de ma famille, que je n'avais pas vue depuis deux mois, et que je quitte le lendemain, à quatre heures du matin.

27 Juillet 1870. — Départ de Nancy à cinq heures du matin. Une légère pluie, tombée pendant la nuit, avait rafraîchi la température et abattu la poussière de la route, qui était devenue bien plus agréable à parcourir. Nous passons à Saint-Nicolas-du-Port, où la population s'empresse sur notre route, pour offrir du vin et du pain à nos cuirassiers. Je profite de ce ralentissement de la marche pour aller saluer et serrer la main à la famille Girardin, mes parents, qui, ayant eu connaissance de mon arrivée, avaient fait préparer à déjeuner ; je n'ai pu leur consacrer qu'un instant et j'ai rejoint la colonne à la sortie de la ville. La route se faisait vivement ; on voulait éviter la rencontre du général de Bonnemains qu'on supposait devoir venir à notre rencontre. Malgré la célérité de la marche, la colonne ne put arriver à temps, et le général nous rencontra à la hauteur de Léomont. La première observation fut de mettre à pied un cavalier de mon escadron qui était à l'avant-garde, sous le fallacieux prétexte qu'il était ivre, tandis que le pauvre diable n'était qu'exténué de fatigue.

Nous arrivons à Lunéville à neuf heures du matin : on se forme en bataille sur la place des Carmes, faisant face au quartier que nous devions occuper ; le général de Bonnemains nous passe en revue, et paraît satisfait de la tenue du Régiment ; puis après avoir mis pied à terre, on vient s'installer au quartier des Carmes, en prenant les mêmes emplacements que ceux que nous avions quittés deux mois avant, époque à laquelle nous quittions Lunéville, pour nous rendre au camp de Châlons.

Jeudi 28 Juillet 1870. — Nous restons à Lunéville, et nous recevons du dépôt, qui est à Toul, les hommes et les chevaux nécessaires pour porter l'effectif de nos escadrons à 120 hommes et 105 chevaux.

Les hommes et les chevaux susceptibles de ne pouvoir faire campagne sont renvoyés au dépôt.

Les lieutenants et sous-lieutenants reçoivent des chevaux de troupe comme seconde monture.

Vendredi 29 Juillet 1870. — Le temps est employé aux différents services de détail ; on achète des chevaux destinés à conduire les bagages de MM. les officiers; on ajuste les harnachements dont la pointure est devenue défectueuse; on complète le ferrure de route; on remplace les effets de campement détériorés, et on pourvoit les hommes des effets, linge et chaussures dont ils ont besoin, de manière qu'en partant, chaque homme soit pourvu de tout ce qui peut lui être nécessaire à la guerre.

30 Juillet 1870. — Les officiers s'occupent de l'achat des ustensiles de cuisine destinés à préparer leur repas. Des caisses, d'un modèle d'ordonnance, sont confectionnées pour enfermer les ustensiles et les provisions de bouche; on s'occupe de la confection des tentes de campagne et on en complète le modeste ameublement, qui doit être transporté, comme les valises, au moyen de voitures à deux roues, distribuées à raison de six par régiment, ou d'une par escadron, et deux pour l'état-major.

31 Juillet 1870. — L'artillerie divisionnaire arrive à Lunéville et campe au champ de manœuvres, près du château Saucerotte; le régiment exécute une promenade; le lieutenant Jeanniot sort de l'hôpital.

1er Août 1870. — Les chasseurs d'Afrique arrivent à Lunéville et campent dans les avenues du Bosquet.

Mardi 2 Août 1870. — Départ de Lunéville à cinq heures du matin; on marche par brigade, l'artillerie au centre. Notre brigade, la première, composée des 1er et 4e régiments de cuirassiers, sous les ordres du général Girard, se dirige par la route de Vic; la seconde brigade, formée des 2e et 3e régiments de cuirassiers, sous les ordres du général de Broher, suit la route de Blamont, et doit se réunir à nous à Brumath.

Par suite d'évènements inattendus, la réunion ne s'est effectuée qu'à Haguenau, mais deux jours plus tôt qu'on ne le pensait.

Je reviens à notre route : la colonne arrive à Vic à onze heures. Je suis détaché. avec mon escadron, à Marsal, ainsi que le 2e escadron et un escadron du 1er régiment de cuirassiers ; nos chevaux sont placés dans les écuries du quartier. Je fais connaissance avec le capitaine Leroy, commandant la place ; il me raconte combien le service des vivres est variable dans sa place : tantôt on fabrique du biscuit ou du pain tendre jour et nuit ; tantôt il reçoit l'ordre de cesser toute fabrication, pour recommencer ensuite à fabriquer de nouveau ; ce service est d'autant plus difficile qu'il s'effectue par des ouvriers civils, qui ne tiennent pas à se déplacer à chaque instant, pour être remerciés ensuite. Le capitaine Leroy [1], qui est cousin de mon beau-frère, m'avait fait accepter deux bouteilles de vieille eau-de-vie de mirabelles, fabriquée par lui ; une seule de ces bouteilles a été entamée, et le reste a été pris, ou perdu dans la panique de Reichshoffen.

Mercredi 3 Août 1870. — Départ de Marsal à cinq heures et demie du matin ; on traverse la ville de Dieuze à sept heures ; les habitants se portent en foule sur notre passage, et offrent du vin à la troupe. Un prêtre et une sœur de charité donnent aux officiers et à la troupe des médailles bénites ; la route est belle ; le temps est couvert ; on marche à une bonne allure, et la colonne

1. D'une famille de Thionville, parent de la famille Saur.

fait son entrée à Fénestrange à onze heures et demie. La bataille de Sarrebrück est annoncée au général Girard par le maire de Fénestrange. On campe en avant de la ville, sur la rive droite de la Sarre, je loge avec mon ami Millas, chez M. Bruck, frère d'un de mes amis ; l'habitation est près du campement, et nous voyons passer sous nos fenêtres les femmes et les jeunes filles de la ville qui viennent apporter, dans des paniers, des provisions de toutes sortes, qu'elles offrent à nos hommes.

L'affaire Jeanniot se représente à nouveau. Etant revenu à Lunéville, la veille du départ, il fit la route avec nous et fut désigné pour partir le matin avec le logement. A l'arrivée de la colonne à Vic, le colonel le rencontre, pris de boisson : une discussion s'élève aussitôt, et se termine par la mise aux arrêts de rigueur de M. Jeanniot. Dans la journée du 3 août, il ne suit pas la colonne et ne la rejoint que dans le courant de la journée à Fénestrange, où le général le fait arrêter par la gendarmerie, pour être conduit à Metz et comparaître devant un conseil de guerre.

Jeudi 4 Août 1870. — Départ de Fénestrange à cinq heures du matin : le temps est un peu pluvieux au départ, la route est belle, mais la marche est lente. On arrive à Phalsbourg à onze heures du matin ; le campement s'établit sur les glacis de la porte de Saverne ; les lieutenants et sous-lieutenants campent avec la troupe : Les capitaines et officiers supérieurs logent en ville, avec leurs ordonnances et leurs chevaux. L'artillerie campe en avant, au village de Belle-vue. La ville de Phalsbourg est encombrée par les gardes-mobiles qui arrivent de toute part.

A neuf heures du soir on commence à entendre circuler des bruits vagues sur l'affaire de Wissembourg ; à 10 heures du soir on sonne à cheval par alerte : la nuit est très noire, mais, malgré cela, on monte promptement à cheval, et la colonne se met en marche. Les feux de l'artillerie, campée à Belle-vue, font croire un instant, à l'avant-garde, à la présence de l'ennemi : la colonne s'arrête un instant, mais on reconnaît bien vite l'erreur, et l'on se met en mouvement de nouveau.

Nous arrivons à la grande côte de Saverne ; on fait mettre pied à terre, et tout le monde descend cette côte à pied ; il y a grande fatigue dans la colonne, où règne le plus grand silence ; on n'entend que le bruit des sabres qui traînent par instant.

En arrivant au pied de la côte, on fait remonter à cheval et on entre dans la ville de Saverne qu'on traverse : le calme le plus complet y règne ; la nuit est très noire, et les rues que nous parcourons ne sont éclairées que par quelques rares lumières, que des habitants placent à leurs fenêtres ; des hommes de la colonne entonnent le chant de la Marseillaise, mais le colonel fait donner l'ordre de cesser ; nous continuons notre route en brûlant Brumath, où nous croyions nous arrêter, et l'on arrive à Haguenau le 5 août à sept heures du matin.

Vendredi 5 août 1870. — La population est triste, des hommes transportent des cercueils ; cela nous fait bien vite supposer qu'il y avait eu une affaire. En pénétrant plus avant dans la ville, nous apercevons des blessés dans des cours et sous les portes cochères, puis nous rencontrons les restes du 50e de ligne, des chasseurs à pied et turcos, survivants de Wissembourg. Nous continuons d'avancer et venons bivouaquer dans une prairie non loin de la ville. La première brigade fait sa jonction avec la seconde et la division ne se sépare plus.

Après l'installation du bivouac, nous nous rendons en ville pour essayer de trouver des vivres, qui sont devenus rares dans les restaurants. Nous entrons dans une espèce d'auberge, où le colonel Billet nous offre à déjeuner ; nous y découvrons un maigre poulet froid qui a fait le déjeuner de six personnes ayant marché toute la nuit.

A huit heures du matin, on sonne à cheval ; plusieurs régiments n'ont pas encore reçu de rations pour leurs chevaux, d'autres régiments sont à peine arrivés ; malgré cela on part, laissant les denrées sur la prairie. Notre régiment, servi le premier, a eu le temps de faire mettre son fourrage dans les filets et l'avoine dans les bissacs. La température est lourde, la chaleur excessive ; nous traversons les villages de Schweighausen, Mertweiller ; Gunderhof ; puis, un peu plus loin, on rencontre un gendarme à cheval, en petite tenue, courant à toute vitesse dans le sens opposé à notre marche, disant que l'ennemi était à un kilomètre de nous. On arrête la colonne, on fait charger les pistolets et on prescrit aux hommes de bien s'assurer que les filets contenant le fourrage peuvent être mis à terre promptement, dans le cas où l'on serait de faire un mouvement rapide, soit en avant, soit sur les côtés. On fait mettre le sabre à la main ; la colonne se met en marche et vient camper en avant, à droite du village de Reichshoffen, à l'endroit où des régiments d'infanterie avaient campé la veille ; il était deux heures de l'après-midi. Des détachements de turcos et des soldats du 50e de ligne allaient sans cesse aux avant-postes.

La ligne ferrée ne cessait d'amener des troupes qu'on installait dans les bois en avant, l'artillerie couvrait la route de Haguenau, ne cessait d'avancer sur Reichshoffen et prenait son campement à notre gauche. On nous assurait que, la veille, l'affaire avait été chaude sur notre droite, qu'une quantité considérable de morts avaient été enterrés sur les hauteurs placées à notre droite. Je me suis rendu sur ces hauteurs, pour juger par moi-même du désastre de la veille ; je n'y ai rencontré que des terrains nivelés, dans certains endroits, pour y placer des tentes, et dans les lieux mêmes où la troupe avait campé ; c'est sans doute ce qui a fait supposer aux habitants de Reichshoffen, qui voyaient cela de leur village, que ces terres, remuées par bandes d'environ deux mètres de long, ne pouvaient être que des fossés.

La nuit du 5 au 6 est pluvieuse ; je m'installe avec le sous-lieutenant Béchelé sous sa tente, qui est plus spacieuse que la mienne ; le sous-lieutenant Billet, de l'escadron, vient se coucher auprès de nous ; les troupes françaises continuent d'arriver, et de temps en temps on entend des décharges de mousqueterie.

Samedi 6 août 1870. — Aux avant-postes, la pluie cesse de tomber à la pointe du jour, le feu s'accentue, le canon gronde en avant. Nous faisons préparer à déjeuner de très bonne heure, mais on ne peut arriver assez à temps ; nous nous contentons d'un morceau de fromage et d'un verre de vin. A huit heures, on sonne à cheval ; le canon gronde plus fort, mais malgré cela, nous ne supposons la grande affaire que pour le lendemain ; nous espérons revenir à notre campement, et à cet effet, nous ordonnons de préparer un bon dîner pour le retour.

A mesure que nous avançons, la fusillade devient plus vive ; nous passons au milieu de nombreuses troupes, occupant les bois placés à notre droite et à notre gauche ; les terrains, avoisinant la route, sont remplis de schakos d'infanterie et d'objets de campement, comme si on ne devait plus en avoir besoin ; la route devient montueuse, et nous débouchons enfin des bois, pour venir nous établir sur un terrain assez rapproché de l'action.

On forme la division en colonne par régiments, déployés à cent mètres l'un de l'autre, et l'on fait mettre pied à terre. Un champ de carottes, qui se trouve entre les 1er et 4e cuirassiers, est arraché en un instant, et livré à la pâture des chevaux ; on aurait cru que les hommes prévoyaient déjà qu'on ne descendrait plus de cheval de bonne heure. On fait remonter à cheval : l'action se rapproche de nous, le feu prend dans les dépendances du château de Frœschwiller, un projectile vient éclater à la droite du 1er escadron du 1er régiment, tue deux hommes, en blesse un autre, et tue deux chevaux ; un second projectile va atteindre l'aile droite du 2e cuirassiers, placé en arrière de nous, puis ils se succèdent avec rapidité. On nous fait alors changer de position, par un à droite par pelotons ; nous entrons dans le bois, en prolongeant notre marche vers la droite du champ de bataille. Nous quittons un instant la 2e brigade, pour venir nous établir sur un terrain découvert, ayant à côté de nous une vallée qui, disait-on, descendait au village de Wœrth ; et en face de nous un monticule occupé par un bataillon de turcos. Là encore, la position est devenue bien vite impossible à conserver, par suite de la grande quantité d'obus que nous recevions des batteries placées sur l'autre rive du Binder.

Nous abandonnons cette position pour venir nous placer à l'extrémité inférieure d'une petite vallée; nous avions l'armée française à notre gauche, l'armée prussienne à notre droite et en avant; le général Girard nous quitte un instant, pour aller prendre les ordres du général de Bonnemains, qui était, du reste, fort bien abrité.

A peine le général Girard est-il de retour, que le 1er régiment de cuirassiers commence ses charges dans la direction des vergers et des houblonnières; il vient ensuite se reformer en arrière de nous. En ce moment, le sous-lieutenant Billet, placé devant le premier peloton de mon escadron, en remplacement du lieutenant Jeanniot absent, reçoit une balle qui ricoche sur sa cuirasse, et vient se loger dans la machoire, après lui avoir brisé trois dents. Le colonel est très ému de cette première blessure reçue par son fils, et paraît ensuite très affecté.

Le régiment commence ses charges, par escadron d'abord, et sans grand résultat; puis on recommence par deux escadrons : le colonel Billet[1] est venu se placer bravement sur notre ligne, devant la seconde division de mon escadron; il avait à sa droite le chef d'escadrons Broutta, et à sa gauche l'adjudant-major Savalle[2]. Nous partons à fond de train, sous une grêle de balles et d'obus et nous arrivons devant un verger bordé par une palissade en contre-bas : nous allions la franchir, quand soudain se lève un officier de zouaves, bloqué avec sa troupe, qui nous dit que les Prussiens se trouvaient un peu plus loin à gauche, dans les autres houblonnières. J'avais arrêté mon escadron, et m'apprêtais à repartir

1. Famille de Fimes; le frère du colonel était professeur à la Faculté de Dijon.

2. Mort commandant en retraite, à Mars-la-Tour.

vigoureusement, un peu plus à gauche, quand le colonel fit sonner le demi-tour.

En ce moment, le tableau était magnifique à voir : l'éclat des obus, le sifflement des balles, ressemblant au bourdonnement des grosses mouches, le bruit que ces balles faisaient en frappant sur les cuirasses, formaient un ensemble de bruit très émouvant.

Notre colonel était revenu aussitôt après avoir pu juger, plus sûrement, de la position de l'ennemi, et pour y conduire les derniers escadrons du régiment ; le chef d'escadrons Broutta eut, dans cette charge, le bras droit emporté par un obus et fut ramassé sur le terrain par deux trompettes de l'escadron, dont l'un avait eu son cheval tué sous lui, et l'autre avait mis pied à terre, au milieu de la mitraille, pour secourir son chef grièvement blessé.

Les deux escadrons de gauche partent à la charge à leur tour ; le colonel part de nouveau avec eux ; mais il ne revient pas ; son cheval seul reparaît, sans cavalier. Nous croyions tous que le colonel était mort, on assurait même l'avoir vu à terre, avec le côté ouvert par un obus ; mais nous avons appris, depuis, qu'il n'avait eu qu'une légère contusion à la tête et qu'il était prisonnier de guerre à Custrin, puis à Giessen, avec ses deux fils.

Dans toutes les charges exécutées dans cette journée, je dois dire, à la louange de nos hommes, combien ils ont été beaux à voir ; le calme et l'ensemble n'auraient pas été plus complets sur un champ de manœuvres.

Après les charges de la première brigade vinrent celles de la seconde brigade : elles ne donnèrent pas un résultat meilleur que les nôtres ; toutes ces charges, exécutées dans un terrain aussi désavantageux à notre arme, ont bien eu pour résultat de débloquer un régiment de turcos, et un régiment de zouaves, qui se trouvaient dans des positions telles qu'il leur était impossible de se lever et de battre en retraite, sans être criblés par la mitraille et la nombreuse mousqueterie ennemie. Nos charges firent changer la direction des feux, et ces deux braves régiments purent se retirer.

Tous les villages en avant de nous sont en feu ; à gauche de nos positions, on voit descendre des troupes d'infanterie : une ligne de tirailleurs opère bravement et tranquillement au milieu de cette grêle de balles. Notre division de cavalerie vient occuper le terrain situé un peu en arrière de notre position ; une batterie d'artillerie de douze se place à notre droite, et une batterie de mitrailleuses se place à notre gauche : leurs feux produisent des effets terribles, mais l'ennemi, bien plus nombreux, répond vigoureusement. Les 8e et 9e cuirassiers commencent leurs charges un peu plus à notre gauche ; ils perdent un nombre considérable des leurs, et bien peu reviennent.

Les mitrailleuses placées à notre gauche cessent progressivement leurs feux, faute de canonniers pour les servir ; la batterie de douze n'est pas mieux traitée, et le feu cesse de notre côté, les tirailleurs d'infanterie se retirent et à notre tour, nous venons nous masser sur un petit terrain entouré de bois, qui certainement n'a pas plus de deux hectares de superficie, tandis que la quantité de troupes qui le couvrait était considérable. Les gros projectiles ennemis commencent à pleuvoir et le sol se couvre de cadavres.

On ordonne alors la retraite qui était commencée par d'autres régiments depuis longtemps : la route est laissée à l'artillerie ; l'infanterie et la cavalerie se retirent par les bois, situés à droite et à gauche de la route.

A mi-chemin de Frœschwiller à Reichshoffen, nous trouvons, dans un petit pré, auprès d'une terre, une pièce d'artillerie de douze, abandonnée et attelée de deux chevaux, dont l'un avait la cuisse cassée. Je fais mettre pied à terre à un trompette, qui s'empresse de couper les traits du cheval blessé, et embrochant à gauche le cheval valide, fait sortir la pièce de l'endroit où elle avait été abandonnée par ses canonniers. Je dis à un capitaine d'artillerie, qui passait non loin de là, que je lui faisais ramener une pièce d'artillerie abandonnée près du ravin ; il m'a remercié, et en continuant ma route, je lui ai entendu dire : coupez les traits. J'avoue que je n'ai pas osé me retourner pour regarder si c'était bien de la pièce en question qu'il s'agissait, tant je trouvais cet abandon contraire à tous les devoirs.

Nous continuons notre route, et passons à gué la petite rivière, pour laisser la grande voie aux voitures ; dans ce gué, les chevaux se précipitent pour boire et le gué s'encombre par instants.

Un officier d'artillerie, qui semblait ne pas savoir monter à cheval, laisse coucher sa monture dans l'eau ; la peur s'empare de ce pauvre capitaine, qui se retire en toute hâte, en criant que son cheval était tombé dans un précipice, et que lui n'en était sorti que par miracle : on riait de lui, au lieu de le plaindre, et plus on riait, plus il devenait furieux.

Nous traversons ensuite le campement que nous occupions le matin ; il était vide de tout ce qu'on y avait laissé ; la retraite des bagages avait commencé à s'effectuer dès midi, et la confusion en avait fait abandonner une partie. Nous ignorions ce désordre, qui nous faisait perdre nos bagages, tandis que l'ayant connu, il aurait été possible de sauver une partie de nos effets, ou tout au moins les valeurs qui y étaient renfermées. Nous traversons ensuite Reichshoffen et l'on se dirige sur Niederbronn. En y arrivant, la colonne confuse se divise : une portion prend à droite sur Bitche, et nous, nous prenons à gauche, pour aller à Saverne, en passant par Oberbronn, Ingveiler, Buschveiler et Steinburg. Dans ce parcours, je retrouve mon fidèle Bernard[1], qui avait commencé sa retraite sur Haguenau, avec ma seconde monture ; mais réfléchissant que j'étais peut-être blessé, et qu'il pourrait m'être utile, il fait demi-tour, revient à Reichshoffen, qu'il traverse malgré le sifflement des projectiles, se renseigne sur la direction que nous avions pu prendre, et vient nous rejoindre près d'Ingveiler.

J'ai pu remarquer, dans cette route, jusqu'à quel point une retraite, mal effectuée, engendre le désordre : les abords et les fossés de la route sont remplis de schapzka de lanciers, de schakos d'infanterie et d'artillerie, de sacs d'infanterie, et d'armes de toutes sortes ; les gibernes ramassées, de temps en temps, par nos hommes, sont, en partie, pleines de cartouches, ce qui démontre la lâcheté des hommes qui s'étaient mis en retraite, longtemps avant que l'ordre en soit donné ; les pillards de l'armée d'Afrique butinent tout le long de la route, ils ouvrent les sacs abandonnés, pour y choisir ce qui est le mieux à leur convenance, en échange des objets déjà enlevés, mais de moindre valeur ; nos hommes regardent toutes ces choses, et se demandent ce que sont ces hommes, et quels sont les chefs qui les dirigent, ne se rendant pas compte que

1. Originaire d'Ornans (Doubs) ; le type de l'homme dévoué à son officier.

ce grand nombre d'hommes n'étaient que de lâches soldats et des pillards, ayant abandonné leurs régiments, pour se livrer à leur coupable industrie.

La colonne des cuirassiers n'était pas nombreuse ; mon escadron se composait à Reichshoffen de cent vingt hommes, dont cent-cinq montés ; en revenant de Frœschviller, il ne m'en restait plus que trente-huit, et mon escadron n'avait pas été le plus mal traité de la division.

Les officiers manquants après Frœschsviller sont :

Le colonel Billet.

Le chef d'escadrons Broutta.

Le capitaine d'Egss.

Les lieutenants Prévost, Schiffmacker, Motte et Peltier.

Le sous-lieutenant Gauthier.

Les blessés sont :

Le capitaine Hénot.

Les sous-lieutenants Faure et Billet.

Dans tous les villages où nous sommes passés, les habitants ont été très bons pour nous ; on offrait de la bière, de l'eau fraîche et du pain à tous ceux qui voulaient accepter ; aussi, je suis persuadé que tous, nous conserverons un bon souvenir de la gracieuse hospitalité de ces bons habitants : on n'avait pas mangé depuis la veille et tout le monde avait besoin. Il était environ minuit quand la colonne est arrivée à Saverne ; la division, après avoir traversé la ville, est venue camper dans un grand pré, bordé de peupliers, situé derrière le château impérial. Cet emplacement ressemble à un ancien lit du canal.

Pendant qu'on installait notre bivouac, à la lueur d'une lanterne que j'avais empruntée dans une maison voisine, le propriétaire, qui n'était qu'un simple ouvrier en fer, est venu m'offrir un lit pour le reste de la nuit ; je me suis empressé d'accepter. J'étais très fatigué, mais avant de me reposer, je me rendis à l'hôtel, pour essayer de m'y réconforter ; l'hôtel était déjà encombré, les vivres y devenaient très rares et c'est à peine si nous pûmes obtenir une malheureuse soupe à l'oignon et un verre de vin. En arrivant à l'hôtel, je vis le capitaine Hénot, qui avait été blessé dans la journée à Frœschviller, et voulait entrer immédiatement à l'hôpital. J'ai su, le lendemain, qu'il avait été dirigé immédiatement sur l'hôpital de Châlons ; puis ensuite sur Dunkerque. J'ai rencontré là, aussi, un officier de mon escadron, qui nous avait perdu dans la journée à Frœschviller, et qui était arrivé à Saverne avant nous. Après notre chétif repas, je pus me reposer jusqu'au matin à six heures.

Dimanche 7 Août 1870. — A huit heures, je me rendis en ville avec mon ami Savalle, pour y expédier nos lettres et nos dépêches à nos familles ; puis nous nous mîmes en quête d'un déjeuner.

L'hôtel n'était plus abordable ; on avise une auberge qui paraissait un peu moins remplie que les autres.

Un général, avec son aide de camp et un intendant militaire, déjeunaient dans un coin, avec un morceau de mouton qui n'était pas encore cuit, et là, nous ne pûmes avoir qu'un demi fromage de Marolles, avec un morceau de pain non cuit, et une fiole de vin blanc ; nous nous promettions de faire un meilleur dîner, mais un contretemps est venu y mettre obstacle.

Dans la journée, je vis, à la gare, le sous-lieutenant Faure, qui allait prendre le train pour Lunéville ; il me dit avoir laissé le lieutenant Peltier, mourant, dans un bois, refusant tout appui pour continuer sa route. Nous avons appris, depuis, que cet officier avait gagné Strasbourg.

A quatre heures et demie du soir nous nous rendîmes, Savalle et moi, à l'hôtel, pour être bien certain d'y trouver de la place ; mais, au moment de nous mettre à table, on entend battre la générale dans les rues, et sonner à cheval. Nous nous empressons de nous rendre au campement et de monter à cheval. On se porte plus en arrière ; on monte la grande côte de Saverne, qui était déjà occupée par de nombreux régiments d'infanterie, placés dans les bois situés à droite et à gauche de la route.

Nous nous dirigeons sur Phalsbourg. En y arrivant, nous trouvons la ville remplie de troupes ; les portes sont fermées ; les glacis sont couverts de voitures, appartenant à l'artillerie, aux bagages et aux munitions.

On contourne la ville, pour prendre la direction de Sarrebourg ; et quand on est prêt d'y arriver, un incident vient troubler la monotonie de la route d'une manière assez risible et voici comment : le cheval attelé à la voiture d'une cantinière du 1er régiment de cuirassiers, qui marchait en avant de nous, se dérobe, par suite d'une cause inconnue ; la cantinière, croyant sans doute à une culbute dans le fossé de la route, s'est mise à pousser des cris perçants ; la colonne s'arrête ; la nuit est tellement noire, qu'on ne peut voir qu'à une faible distance. On croit à une attaque des Prussiens ; quelques hommes de la tête de colonne font demi-tour ; nous mettons le sabre à la main, et tout s'arrête : l'erreur est bientôt reconnue, on sonne la marche, et tout rentre dans l'ordre.

Lundi 8 Août 1870. — On arrive à Sarrebourg ; les maisons s'ouvrent à notre arrivée ; le gaz éclaire les rues que nous parcourons, et on va camper dans une prairie située au-delà de la ville. Notre campement établi, nous avisons une auberge où nous espérons trouver des vivres ; en y arrivant, nous la trouvons envahie par des officiers d'artillerie, qui avaient déjà fait main basse sur tout ce qui s'y trouvait.

Nous revenons au campement, et on repose un instant sur une couverte de cheval étendue sur l'herbe ; le jour commence à paraître peu après. Nous apercevons un moulin, situé non loin de notre campement ; la meunière veut bien nous faire à déjeuner, on fait un repas copieux : une soupe au lait, une carpe, et un poulet.

Les hommes reçoivent de la viande et du biscuit, et un champ de pommes de terre, situé près du campement, est, en un instant, sacrifié à la marmite.

Un tas de bois, situé dans la cour du meunier, sert à la cuisson des aliments et le meunier se désole de voir ses pommes de terre et sa provision de bois disparaître ainsi, entre les mains de ceux qui devraient le protéger. On le rassure, en lui faisant comprendre qu'au moyen d'une expertise, faite le lendemain, la commune le rembourserait de ses pertes.

C'est à Sarrebourg que j'ai vu commencer le pillage des récoltes, qui n'a fait que de s'accroître à mesure qu'on avançait. Les troupes d'Afrique ont donné, trop vite, l'exemple du pillage des denrées, qui s'est communiqué à nos hommes, avec une grande rapidité. C'est aussi dans ce même campement que j'ai vu se produire les premiers actes d'indiscipline.

Un cuirassier fait feu, d'un revolver, sur un de ses

camarades, à la suite d'une discussion vive ; ces hommes en viennent aux mains ; le colonel de Vandœuvre, du 1er cuirassiers, qui se trouvait peu éloigné de ces hommes, veut intervenir pour les séparer ; son autorité est méconnue. J'interviens aussitôt, parce qu'un homme de mon escadron était du nombre des querelleurs ; grâce à l'influence que j'avais sur lui, l'affaire fut aussitôt arrêtée. D'autres marques d'insubordination se montraient sur d'autres points, au sujet des corvées de distribution.

Enfin, à midi, on sonnait à cheval pour le départ. Départ de Sarrebourg à une heure de l'après-midi : on annonce un succès de nos armes à Bitche. Nous cheminons vers Blamont, le temps est couvert et nuageux ; à mi-route, la pluie commence, pour ne cesser, un instant, qu'après notre arrivée. La division Duhesme nous précède, et nous fermons la marche de notre division.

On arrive à Blamont à 7 heures du soir, par une pluie torrentielle, notre régiment campe dans une prairie située avant d'entrer en ville, entre la route et la rivière. Cette prairie, qui reçoit les eaux des hauteurs voisines, ne permet pas aux hommes de se coucher, ils s'accroupissent de leur mieux sous leurs petites tentes en se plaçant sur les bottes de paille que leur donnent les habitants.

Dans la ville, on offre des lits aux officiers, qui sont très flattés du bon accueil qu'on leur fait et de la gracieuse hospitalité qu'on leur offre ; nous dînons, avec d'Orcel, chez un boucher sortant du 1er régiment de carabiniers.

Mardi 9 Août 1870. — Départ de Blamont à une heure et demie du matin ; la pluie, qui n'avait cessé de tomber pendant toute la nuit, continue pendant toute la route.

La marche est pénible, les hommes et les chevaux, peu nourris, sont très fatigués.

On arrive à Lunéville à huit heures du matin ; les habitants, consternés, se portent sur notre passage, et cherchent avidement ceux qui ne sont plus, et auxquels on avait serré la main huit jours avant ; nous allons mettre pied à terre dans nos anciens quartiers, où les chambres restent à la disposition de la garde mobile qui les occupe ; nos anciens propriétaires de logements viennent au devant de nous, pour nous offrir l'hospitalité, et nous nous trouvons très heureux de retrouver notre ancien lit : il nous semblait ne l'avoir jamais quitté.

La brigade Duhesme arrive à midi, et campe dans le Bosquet ; les gardes mobiles continuent d'arriver en foule ; on les arme et ils partent aussitôt sans être habillés ; quelques-uns se munissent de képis, mais ils ne peuvent en trouver assez ; de sorte que beaucoup d'entre eux n'ont aucun signe distinctif.

Mercredi 10 Août 1870. — Départ de Lunéville à onze heures et demie du matin ; on prend la route de Bayon. Le temps est couvert, une légère pluie commence à tomber lorsque nous arrivons au village de Xermamenil ; mais elle est de courte durée ; la route se fait lentement, une nombreuse ligne de voitures de munitions d'artillerie nous précède ; nous la distançons dans les endroits montueux de la route et prenons les devants.

Nous arrivons à Bayon à trois heures et demie de l'après-midi : on campe près de la rivière, à droite de la route, et non loin du grand pont ; le campement est à peine installé, qu'une pluie d'orage survient, et gêne les distributions d'objets de consommation apportés par les habitants.

M. Gauthier, père d'un jeune officier du régiment, que nous supposions, tous, tué à Frœschviller, vient nous offrir l'hospitalité que nous acceptons, un peu à contre-cœur, à cause de la position où nous nous trouvions par rapport à son fils, dont on voulait lui cacher la perte. Ne pas accepter son offre gracieuse, était lui avouer une mort qu'il redoutait, et qui, heureusement, ne s'est pas confirmée. Le fils Gauthier est actuellement prisonnier de guerre à Custrin.

Jeudi 11 Août 1870. — Départ de Bayon à six heures du matin ; la pluie, qui n'a cessé de tomber pendant toute la nuit, continue pendant une partie de la route ; les arrêts sont prolongés, surtout à Vézelise, où les généraux déjeunent tout à leur aise, en laissant, pendant ce temps, toute la division à cheval.

Dans tous les villages que nous traversons, on offre aux hommes du vin, du pain, du tabac, etc. Nous arrivons à Colombey-les-Belles, à deux heures de l'après-midi, et campons dans une prairie située au bas du village.

Les distributions, pour les hommes, se font assez régulièrement, au moyen des denrées alimentaires fournies, dans les villages voisins, par des réquisitions préparées à l'avance ; mais il n'en est pas de même pour les chevaux, qui ne reçoivent que six kilogrammes d'avoine et un kilogramme de foin.

Un logement m'est offert par M. N... ami de M. Mausson, de Toul, chez lequel j'avais logé lors de mon séjour dans cette ville. Je loge le sous-lieutenant de Rancougne avec moi, en dédoublant mon lit, et nous dînons avec notre propriétaire. Là, je fis connaissance d'un Monsieur de la Bourgogne, marié dans la localité, avec une dame fort gracieuse, qui voulut absolument nous avoir à dîner pour le lendemain.

12 Août 1870. — Nous acceptâmes, et cette hospitalité, toute écossaise, fit faire à mon jeune ami de Rancougne, cette réflexion : « qu'il ne se serait jamais douté qu'on puisse rencontrer autant d'affabilité chez des personnes qui ne nous connaissaient pas. »

Samedi 13 Août 1870. — Départ de Colombey-les-Belles, à cinq heures du matin ; la route est belle, et le temps est magnifique : on arrive à Neufchateau à dix heures du matin. Nous campons dans une prairie située le long d'une promenade bordée d'arbres, on y arrive par un pont de bois, qui facilite le passage d'un petit ruisseau coulant entre la promenade et le monticule où se trouve située l'église.

Les distributions sont faites assez régulièrement, et nous allons déjeuner à l'hôtel de la Croix Blanche, qui est déjà occupé par plusieurs généraux et leurs états-majors. Je loge avec d'Orcet, dans une maison bourgeoise, située sur une place triangulaire, près de l'église.

Je suis arrêté, dans la journée, par un bijoutier, qui a deux frères officiers, et qui veut absolument me faire accepter un dîner et une chambre chez lui ; je le remerciai, et ne pus m'en débarrasser qu'en acceptant son dîner, qui n'était du reste pas à dédaigner.

Nous trouvons à Neufchateau le 10e régiment de dragons, qui était là depuis la veille et qui n'avait pu arriver assez à temps pour assister à la bataille de Frœschsviller. Le maréchal de Mac-Mahon est arrivé en ville environ une heure et demie après nous.

Dimanche 14 Août 1870. — Départ de Neufchâteau à dix heures du matin ; la route est belle, mais très longue ; et l'on arrive à Poissons à huit heures du soir. La division Duhesme campe en deça du village, et notre division va camper au delà, dans une prairie située entre le ruisseau et la route. Les chevaux y reçoivent pour nourriture de l'avoine en paille, qui se trouvait coupée dans des champs voisins, et qu'on n'avait pas encore enlevée ; joint à cela, par les soins de l'intendance, environ six kilogrammes d'avoine.

Le sous-intendant Séligman, qui avait précédé notre division avec un officier d'administration, pour assurer les vivres, est arrêté par les pompiers de Poissons, comme espion des Prussiens, ainsi que son officier d'administration, et tous deux ne sont mis en liberté qu'une heure et demie après.

On m'offre, au village, une chambre assez propre, chez un cordonnier, et nous dînons assez passablement dans une auberge du village.

Le général de Bonnemains est logé au château, chez une comtesse, cousine de M. de Rancougne. Dans la conversation tenue, cette soirée-là, par le général, il annonçait que le mal de la France était déjà irréparable et que se battre, pour continuer la lutte, devenait une chose ridicule ou au moins inutile etc..., etc..., ces réflexions nous causèrent, contre ce général, une sorte d'indignation repoussante, qui nous a démontré, plus tard comme avant, qu'il ne méritait pas de nous commander[1].

Lundi 15 Août 1870. — Départ de Poissons à quatre heures du matin ; la route est belle, et le temps est superbe. Nous arrivons à Saint-Dizier à onze heures ; nous campons à gauche de la route, avant d'entrer en ville, près d'un grand pensionnat nouvellement construit. La division Duhesme arrive à une heure, et campe dans les promenades, situées contre les grandes écuries de la ville et l'établissement des aliénés. On dîne à l'hôtel du Soleil d'Or, et dans la journée on reçoit une dépêche du maréchal Bazaine, annonçant un succès. La gendarmerie des environs arrive en grand nombre dans la soirée ; elle se rend au camp de Châlons, pour être mise à la disposition du grand prévôt.

Mardi 16 Août 1870. — Départ de Saint-Dizier à sept heures du matin ; notre but est Vitry-le-François ; mais on vient d'annoncer que la ligne ferrée est coupée à Blesmes, par l'armée prussienne, et les deux divisions de cavalerie se dirigent sur Vassy, où l'on arrive par un temps magnifique, à une heure et demie de l'après-midi. On campe dans le beau parc de la ville ; les habitants viennent nous offrir des logements, et des vivres pour la troupe. Je dîne, avec d'Orcet, chez un cafetier très amusant : ayant peur des Prussiens, il veut bien donner à boire aux défenseurs, mais il ne veut se battre à aucun prix.

1. Le même sentiment apparaît dans une lettre du capitaine d'Orcet : « J'étais sous le coup des profondes désillusions que m'avaient causées... la nullité et l'incapacité de plusieurs de nos chefs... (Frœschviller, Sedan par Le Peletier d'Aunay ; Paris, chez Perrin, 1910 page 199).

Mercredi 17 Août 1870. — Départ à quatre heures du matin ; nous revenons en partie sur nos pas, puis, par un à gauche, gagnons la route de Montierender, pour la suivre ensuite dans la direction de Vitry. Nous arrivons au village de Frignicourt, près de Vitry, à midi et nous campons dans les prairies situées sur la rive droite de la Marne, en amont du grand pont neuf. Les vivres sont d'autant plus difficiles à trouver dans le village, qu'on n'attendait pas l'arrivée de notre colonne, qui aurait dû loger à Vitry, la veille, et qui s'en est abstenue, par suite d'un renseignement pris inexactement.

Je loge chez le Maire, qui m'offre l'hospitalité ; le 4e régiment de chasseurs occupe Vitry, avec une partie du corps de Failly.

Jeudi 18 Août 1870. — Départ de Frignicourt à quatre heures du matin ; on traverse Vitry pour se diriger ensuite sur Châlons, par la route de Gravelines ; le temps est beau, et nous arrivons à Châlons, par la porte Saint-Jean, à onze heures. Nous campons sur le terrain de manœuvres de la porte Saint-Jacques. La ville est remplie d'officiers de tous grades, dont les régiments campent dans les alentours.

On rencontre une grande quantité de membres des ambulances internationales ; leur type étranger, le brassard blanc avec la croix rouge qu'ils portent au bras gauche, produisent, au premier abord, un sentiment dont on ne se rend pas de suite compte ; il semble que cela sent la mort, le cadavre.

J'ai toujours pensé que ce brassard, qui est porté par beaucoup d'hommes de bien, sans doute, sert aussi à abriter des espions : je les trouve trop bien renseignés.

Je les ai vu partir avant les colonnes, connaissant les itinéraires, mieux que nous, et par ce moyen, très à même de connaître ce qui devait se passer ; l'avenir me dira si mes suppositions étaient fondées.

Vendredi 19 Août 1870. — Départ de Châlons à quatre heures du matin ; on prend la route du camp, par Bouy, et l'on arrive près du Quartier Impérial, où l'on nous fait rétrograder sur Livry, que nous traversons, pour venir camper près du cimetière, entre la route et la Nesle. Une partie des terrains, que nous occupons, ne sont pas encore récoltés, le sarrasin couvre le sol, et devient matelas de campagne ; les choux et autres légumes sont bien vite mis à la marmite, et un instant après, tout a disparu.

On court au village pour essayer de faire des vivres, mais l'infanterie a déjà tout enlevé ; on ne trouve que des œufs et du fromage ; nous finissons par découvrir une maison où les habitants veulent bien nous procurer du pain ; puis un officier va faire des vivres à Mourmelon, et nous mangeons dans cette maison pendant deux jours.

Samedi 20 Août 1870. — Nous occupons le même campement que la veille ; on annonce, dans la matinée, la nomination de Savalle au grade de chef d'escadrons ; le chef d'escadrons de Négroni est nommé officier de la Légion d'honneur ; le lieutenant d'état-major Mayniel [1] et le lieutenant Pinte [2] sont nommés chevaliers.

Un détachement d'hommes et de chevaux, conduit par

1. Fut depuis général ; son frère était, en 1883, commandant d'infanterie à La Flèche.

2. Fut depuis percepteur, versa dans la politique et publia : Mémoires d'un ex-lieutenant (Paris ; chez Fournier ; 1911).

le capitaine de Bermingham[1], qui nous suivait depuis Saint-Dizier, et destiné au ravitaillement du régiment, est enfin accepté par ordre supérieur ; on le répartit dans les escadrons, ainsi que quelques chevaux non dressés, qui étaient primitivement affectés au 10e de cuirassiers.

Ces chevaux sont harnachés au moyen des harnachements des chevaux morts, ou disparus, qui se trouvent sur les voitures destinées au transport des bagages.

Les officiers reçoivent des magasins de l'Etat, contre remboursement, des tentes-abri, en remplacement de celles qu'ils avaient perdues à Reichshoffen

Dimanche 21 Août 1870. — Départ de Livry à deux heures de l'après-midi, pour aller prendre possession d'un nouvel emplacement au Camp, à gauche de la voie romaine, et en arrière de l'ancien campement. La cavalerie légère est placée à notre droite, et sur la même ligne. La seconde brigade de notre division campe derrière notre brigade et sur la rive droite du Cheneu, sa droite appuyée à la voie romaine.

Les distributions en foin et en paille se font à volonté, les magasins sont destinés à être incendiés.

Lundi 22 Août 1870. — Nous conservons les mêmes emplacements. On profite de cette journée pour acheter à Mourmelon les ustensiles nécessaires à la cuisine des officiers.

Dans la journée on forme un détachement des chevaux trop fatigués ou blessés, ne pouvant plus faire présentement un bon service de guerre, pour être conduits à

1. Depuis colonel (1875).

Sedan par des hommes à pied, sous les ordres des sous-lieutenants Legrain et Graud ; les hommes de mon escadron faisant partie de ce détachement sont : Chevalier, maréchal des logis ; Anne, cuirassier de 1re classe, Perier Jacob, Binsou, Vaisse Bonis, Henry, Berruchon, Merlet, Lecomte, Missonnier, Dureuil, Girardot, Corbet, Mahéot, Maître, Guerre, Verdan, Jullier, Rolland, Richard, Bremier, Bauchel, Monsieur, Leveau, Cordier, Cabochard, Fournet, Lefranc, Houchard, en tout 31 hommes.

Les chevaux sont : le Balder, le Calibre, l'Artisan, le Rendez-vous, le Recors, la Jauge, l'Abréviation, le Berceau, la Fable, le Jonc, la Cabine, l'Ardeur, la Sacoche, la Juive, la Javeline, et la Balafrée, en tout 16 chevaux Ce détachement part à quatre heures du soir.

Je reçois à l'escadron un engagé volontaire parisien, qui a servi autrefois au régiment, et qui est âgé de cinquante-six ans ; on peut l'habiller en militaire, et à chaque route, s'il se sépare de ses camarades, il est arrêté comme espion : il se nomme Baussard.

Les moutons et les bestiaux des fermes impériales sont évacués dans la direction de Paris. Les moutons de la ferme du quartier impérial sont distribués aux troupes ; mon escadron en reçoit onze pour sa part.

Un peu avant la nuit, on pille les bâtiments du Génie ; les canapés et les fauteuils traînent le long des routes et dans les campements. Dans la soirée, on pille l'hôpital général : le désordre est au comble, une énorme quantité de boîtes de chirurgie et des effets de toute nature sont vendus à vil prix à des personnes de Mourmelon qui se tiennent en dehors des barrières avec des voitures ; beaucoup d'hommes conservent des couvertes pour camper ou s'en faire des ceintures. Les vins en cercles et en bouteilles sont apportés dans les campements, et les pillards s'enivrent toute la nuit. Le quartier impérial subit le même sort que l'hôpital général. A la pointe du jour, on fait remplir de vin les bidons des hommes, et tout ce qui reste est versé dans les fossés, afin d'empêcher un nouvel enivrement.

23 Août 1870. — A une heure du matin, des maraudeurs sortis nuitamment du campement ne répondent pas au qui-vive d'une sentinelle, qui fait feu sur eux sans les atteindre ; on crie aux armes dans le campement situé sur la rive droite du Cheneu ; et ce cri, répété sur la rive gauche, met tout le camp en émoi ; on se lève à la hâte, et les hommes se tiennent prêts à seller. Des renseignements sur cette affaire arrivent dans les différents campements, le calme renaît et les hommes, au lieu de reposer, veulent de nouveau recommencer à boire. Comme on s'apprêtait au départ, on met bien vite ordre à tout cela, en répandant dans les fossés le vin qui restait en futailles.

Un autre spectacle s'offre à nos yeux : c'est l'incendie du magasin aux fourrages, puis successivement des Mess des officiers et des maisons de cantines et cuisines du camp. La projection des flammes, sur une si grande étendue et par une nuit très noire, produisait sur nous un effet sinistre et saisissant.

24 Août 1870. — On sonne enfin à cheval ; les colonnes se forment à quatre heures et demie, puis s'ébranlent et se mettent en mouvement dans la direction du Grand Mourmelon, qu'on traverse dans sa plus grande longueur, pour prendre la route qui conduit à Saint-Hilaire-le-

Grand. La pluie avait commencé à tomber lorsque nous sortions de Mourmelon et s'est continuée pendant toute notre route, qui se faisait lentement et au pas. On traverse Saint-Hilaire-le-Grand, on tourne à gauche dans la direction de Reims, puis on abandonne cette route pour appuyer à droite, et nous venons camper au-delà du village d'Auberive. Notre campement avait sa droite appuyée aux jardins du village et nous installons le cavalier chargé de préparer nos aliments chez un tisserand pauvre, mais rempli de bon vouloir pour tout ce qui pouvait nous être utile ; nous nous empressâmes de faire nos provisions de bouche, et grand bien nous en prit, car une heure après notre arrivée, il ne restait au village ni pain, ni viande.

De nombreuses troupes de toutes armes, venant probablement de Reims, traversent le village d'Auberive, pour venir camper un peu plus en avant de nous. Les avoines coupées, et non récoltées, deviennent bien vite la proie des hommes campés, qui les utilisent à la nourriture de leurs chevaux.

Départ d'Auberive à deux heures de l'après-midi ; on passe de la rive gauche sur la rive droite de la Suippe, et nous traversons plusieurs grands villages échelonnés sur son cours. A chaque instant nous voyons l'emplacement des anciens campements des troupes qui nous précèdent. Nous continuons à marcher jusqu'à l'approche de la nuit et nous établissons notre campement en arrière du village de Pont-Faverger. Il est sept heures et demie du soir, une pluie fine commence à tomber, on hâte le dressage des tentes et on donne à manger aux chevaux, puis, les feux s'allument ; les hommes préparent leurs repas, et nous, nous allons aussi préparer notre dîner dans la maison d'un tisseur nouvellement marié. Ces personnes ont fait tout leur possible pour nous venir en aide et notre table a été servie avec luxe, malgré nos mets rustiques, puis nous sommes revenus nous installer au campement, où mon ordonnance avait eu soin de me procurer une botte de paille sèche.

25 Août 1870. — Départ de Pont-Faverger à cinq heures et demie du matin ; la route est longue, mais le temps est beau. Nous arrivons en vue de Rethel ; et des hauteurs qui dominent la ville, nous apercevons l'immense campement des troupes qui nous précèdent. Nous nous rendons à ce campement et nous nous établissons près de la voie ferrée, où l'on remarque l'activité des trains qui se succèdent et qui amènent toujours des troupes et des munitions. Aussitôt installés, nous procédons aux distributions pour les chevaux et pour la troupe. Nous nous rendons en ville et c'est à peine si l'on peut avancer, tant l'encombrement des voitures est grand. Toutes les maisons où l'on espère pouvoir trouver à manger sont envahies par les officiers et par la troupe ; à force de recherches, nous arrivons à une auberge, où nous pûmes obtenir un peu de bouillon, fait avec du lard non cuit et des pommes de terre ; le pain n'était pas mangeable, mais il fallait s'en contenter.

Le général de Failly part pour Attigny et le Chêne ; je serre la main, en passant, à son officier d'ordonnance, M. Douville de Fransu.

A une température chaude et lourde, succède une forte pluie, mêlée de coups de tonnerre et d'éclairs ; cette pluie continue pendant toute la nuit, et ne cesse le lendemain qu'après notre mise en route. Nous avions installé notre cuisine chez un voiturier, qui habitait en face du campement, près d'une briqueterie.

26 Août 1870. — Départ de Rethel à une heure de l'après-midi ; la pluie continue de tomber pendant une partie de la route. On prend la route d'Attigny, où l'on arrive à cinq heures du soir ; on campe en arrière du village, et à droite de la route, dans un campement abandonné de la veille. Je visite l'église, qui est belle et très ancienne ; on voit qu'à une époque déjà reculée, la petite ville d'Attigny avait une importance qu'elle n'a plus ; cela se remarque aussi par un très ancien édifice occupé par la mairie et qui a été autrefois la demeure de Charlemagne. Des plaques gravées et incrustées dans la façade de l'édifice indiquent les faits marquants qui se sont produits dans cette localité.

L'ennemi n'est pas très éloigné de nous, et cependant on ne prend aucune mesure pour se garder de son approche pendant le jour ; seulement pendant la nuit, on place des grand-gardes de quarante hommes environ, commandées par des lieutenants ou jeunes sous-lieutenants : celà me semble insuffisant et imprudent, mais, c'est l'affaire du chef qui nous commande, qui s'installe, mollement au village, sans même venir visiter le campement de ses troupes.

27 Août 1870. — Départ d'Attigny à cinq heures du matin ; on prend la direction de Vouziers, par la route qui longe le canal. On arrive sur un plateau qui domine la ville, en arrière de Vouziers ; on s'arrête en cet endroit pendant de longues heures ; une luzernière, située à notre gauche, est bordée par une haie très élevée qui limite le plateau que nous occupons, et derrière cette haie, un emplacement broussailleux descend à pic jusqu'à la vallée, où serpente la rivière d'Aisne, sur la rive de laquelle on voit une habitation d'une jolie apparence, où se trouve logé, dit-on, le Maréchal de Mac-Mahon.

Le plateau que nous occupons, par l'entourage de ses haies, nous permet de découvrir au loin, sans être aperçus, et nous pouvons voir, sur les hauteurs placées de l'autre côté de la rivière, les troupes françaises manœuvrant pour changer de position, tandis que les reconnaissances prussiennes sont aux prises avec nos avant-postes. L'ennemi recule et ne tient pas ; et l'on n'entend plus que quelques décharges d'artillerie dans le lointain.

A onze heures, la municipalité de Vouziers vient faire une distribution d'avoine, à raison de 6 kilogrammes par cheval ; mais toujours pas de foin. A midi nous recevons l'ordre de rétrograder sur Attigny. On monte à cheval aussitôt, et nous entrons dans Vouziers, pour prendre la route qui ramène à Attigny, en nous rapprochant des troupes ennemies.

Nous arrivons à Attigny à trois heures et demie de l'après-midi, et nous reprenons notre ancien campement. Des grand-gardes sont établies et on se garde pour la première fois. Les hommes et les chevaux sont fatigués et n'ont pas mangé depuis la veille.

28 Août 1870. — A une heure du matin, on fait partir les bagages, et les chevaux qui marchent avec l'infirmerie ; on les dirige en arrière. A cinq heures du matin, la division quitte Attigny, et commence son mouvement en arrière, en traversant le pont du canal, pour passer sur l'autre rive, de manière à le mettre entre nous et l'ennemi. Nous prenons la direction de Tourteron, et étant près d'y arriver, M. de Gaston, officier d'ordonnance du Maréchal, vient nous apporter l'ordre de rétrograder et nous diriger sur le Chêne Populeux.

Nous prenons la route de Tourteron au Chêne, par une pluie continuelle ; cette route est encombrée par des voitures de vivres et de munitions, qui viennent aussi de recevoir l'ordre de marcher sur le Chêne ; la route est mauvaise.

Nous traversons des anciens campements français, puis, nous nous engageons dans des forêts assez couvertes, et l'ennemi n'est pas très éloigné de nous. L'armée du Prince de Saxe a fait, la veille, sa jonction avec celle du Prince Royal de Prusse ; et leurs avant-gardes en viennent aux prises à chaque instant avec les corps de Failly et Douay. Nous arrivons au Chêne-Populeux à onze heures et demie ; on établit le campement dans des terrains labourés, et tellement imprégnés d'eau, qu'on y entre jusqu'à mi-jambe.

Je vais en ville, pour faire donner du bois à la troupe ; mais en y arrivant, la municipalité fait répondre qu'il n'y en a plus depuis la veille. L'encombrement des troupes est général ; et en revenant au campement, nous voyons arriver trois chevaux pris à l'ennemi, dans un engagement qui venait d'avoir lieu non loin de la ville.

A peine étions-nous revenus au camp, que nous entendons sonner à cheval ; on se remet en route à midi et demi, et nous prenons la route de Stenay. Cette route est encombrée par la grande réserve de l'artillerie, l'infanterie, la cavalerie, etc., on avance très-lentement ; et après avoir parcouru quatre kilomètres environ, en quatre heures, nous laissons marcher la division Duhesme sur

Stenay, et nous recevons l'ordre de nous arrêter au petit village de Tannay.

On campe sur un terrain incliné et boueux, à quatre heures et demie. La pluie ne cesse de tomber, et les distributions pour ces malheureux chevaux, qui étaient montés depuis cinq heures du matin, ne se terminent qu'à dix heures du soir. Après une aussi rude journée, les hommes et les chevaux n'ont, pour se reposer, qu'un terrain rempli d'eau et de boue : c'est la guerre !... Le quartier général est établi à Stonne.

29 Août 1870. — Départ de Tannay à sept heures du matin ; nous avions reçu en distribution, pour les chevaux, un kilogramme et demi de foin par cheval et environ autant de paille. La pluie a cessé de tomber ; le temps est beau, et nous promet une journée radieuse. On arrive à Raucourt à dix heures et demie du matin. Le campement est établi dans les prairies qui bordent le ruisseau, en amont du village. Peu de temps après notre arrivée, on voit venir l'Empereur avec toute sa suite : son air est triste, et cela produit un effet fâcheux sur bien des personnes. Je serre la main au général Pajol, qui a été très aimable pour moi, et m'avait appelé aussitôt qu'il me vit.

Dans la journée, je rencontre le capitaine Kesseler de l'état-major, qui m'annonce sa décoration de chevalier, et le capitaine Schnel, également de l'état-major, qui m'annonce sa nomination de chef d'escadrons. Dans la journée, le corps d'armée commence à passer, et le bruit des voitures de toutes sortes ne cesse de se faire entendre pendant toute la nuit, sur les chemins qui nous avoisinent.

A minuit, on demande des situations des disponibles.

30 Août 1870. — A huit heures du matin, on forme un détachement sous les ordres du sous-lieutenant Baylon, avec tous les hommes et les chevaux ne pouvant continuer avantageusement la guerre. Ce détachement se met en route, à huit heures et demie, pour Mézières. Les hommes de mon escadron faisant partie de ce détachement sont : Le Bìdon, Dubaël et Baussard, tous les trois cuirassiers de seconde classe ; les chevaux sont : le Japon, cheval de M. Béchelé ; l'Attentif ; la Rosée ; la Détente ; le Calfat ; le Dégoût ; le Rentier ; la Massue ; la Promesse ; le Héron et l'Ecume.

A deux heures et demie de l'après-midi, nous montons à cheval, et prenons la direction de Sedan, par Remilly. Le temps est beau ; la route suit la rive droite d'un ruisseau qui serpente dans une vallée étroite ; à gauche et à droite se trouvent des hauteurs boisées, très favorables à l'embuscade des tirailleurs. Nous traversons un gros village qu'on nomme Doncourt, puis un second, où se trouvent des fonderies pour les projectiles ; puis nous arrivons en vue de Remilly, qui se trouve masqué par un rideau. Là, notre colonne s'arrête, et la queue de cette colonne est à peine sortie des terrains boisés ; mais, on ne peut avancer. Le passage de la Meuse s'effectue par les troupes qui nous précèdent, et le village est déjà encombré. Un instant après, nous entendons la canonnade dans la direction du terrain que nous venons de quitter ; ce sont les corps Douay et De Failly qui reviennent de Beaumont, et qui se sont laissé surprendre par l'ennemi d'une manière maladroite et peu excusable pour le dernier.

Le feu est au village que nous avons traversé une demi-heure avant. Des fuyards arrivent en grand nombre et sans chefs, ce qui fait faire à nos hommes des réflexions peu à l'avantage de ces troupes qu'on questionnait. Je me suis assuré de l'état des armes de plusieurs de ces soldats, sous le simple prétexte de les examiner comme armes, et j'ai pu constater, avec peine, que pas une cartouche n'avait été tirée : j'en fis l'observation, et ces hommes me répondirent : qu'ayant été surpris par un trop grand nombre, c'était à peine s'ils avaient eu le temps de fuir. Ces hommes, pour la plupart, étaient des réserves formant les quatrièmes bataillons, mais ils appartenaient aux régiments qui les premiers ont quitté le champ de bataille à Frœschwiller, et plus tard encore, à Sedan ; cela est fâcheux à dire, mais plus désagréable encore à voir.

Ces fuyards, en arrivant près de Remilly, furent contraints de s'arrêter, par un de nos régiments de hussards ; les noyaux des régiments de ces hommes vinrent à leur tour, mais en bon ordre, passèrent à notre gauche, et vinrent camper près de Remilly.

Notre artillerie mit ses batteries en position sur le rideau et commença le feu contre des éclaireurs ennemis qui se montraient à l'angle d'un terrain boisé, situé un peu en arrière de nous ; puis un instant après l'artillerie ennemie répondit à la nôtre ; mais des batteries de douze ouvrirent immédiatement le feu de notre côté et l'ennemi cessa immédiatement son feu.

On nous fait avancer dans le village, et nous passons la Meuse à dix heures du soir, sur un mauvais pont de bateaux et de planches, en partie recouvertes par l'eau.

L'artillerie, qui passait après nous, avait tout brisé, et le passage fut momentanément interrompu pour réparer les avaries. Nous nous dirigeons sur Douzy par une nuit des plus noires ; puis, nous voyons arriver les fuyards de

Mouzon, où une affaire avait eu lieu. Nous traversons Douzy, et prenons la route de Carignan ; mais nous sommes bientôt obligés de nous arrêter. On voyait revenir de longues lignes de voitures d'artillerie et de munitions, venant de Carignan, où un engagement avait eu lieu, à la suite de leur passage de la Meuse à Stenay. On serait tenté de croire qu'on n'a pas voulu occuper Stenay, car si on nous avait laissé continuer notre route le 28, nous aurions couché à Stenay, au lieu de coucher à Tannay, et nous ne serions pas restés plus longtemps à cheval.

Reprenons notre cours. Nous revenons à Douzy, bivouaquer derrière la grande sucrerie ; on ne monte pas les tentes, les chevaux restent sellés, Il est minuit, des distributions d'avoine ont lieu à la gare, mais le temps manque pour la faire manger ; une partie reste sur le terrain. Une seconde distribution avait eu lieu, et quand la dernière corvée est rentrée, une partie des hommes était à cheval.

Personnellement, j'en avais fait emporter deux sacs sur mes chevaux, et nous nous en sommes parfaitement trouvés pour la nourriture de nos chevaux, aucune distribution n'ayant eu lieu dans la journée du 31.

31 août 1870. — Départ de Douzy à cinq heures du matin ; le brouillard est très épais. Nous suivons la route de Sedan jusqu'à Bazeilles ; puis nous prenons à droite, et traversons les villages de Daigny, Givonne, Illy, Floing et venons camper au bas de ce dernier village, contre le chemin qui relie Floing à Sedan.

A dix heures et demie, le campement était installé ; le brouillard se dissipe, et le temps devient beau.

A midi et demi, l'ennemi envoie dans notre direction

un obus qui vient éclater à environ 400 mètres de notre campement ; puis un second, qui vient tomber un peu plus près de nous ; ce sont probablement des essais de portée pour le lendemain.

Pendant la nuit, un bruit continuel de voitures se fait entendre dans la direction du pont de Donchery : c'est l'ennemi qui passe la Meuse, sur un pont qu'on aurait dû faire sauter. A dix heures du soir, le jardinier du château de Villette est venu prévenir que l'ennemi passait la Meuse à Donchery, que dix mille hommes au moins étaient passés, et que ce travail continuait ; on informe les chefs de ce qui se passait, mais ils répondirent : qu'on croyait voir des Prussiens partout, même où il n'y en avait pas. On m'a assuré aussi, qu'un général, à l'annonce de cette nouvelle, aurait répondu à l'officier qui l'en informait, après avoir regardé ses cartes : « *Oui, c'est leur itinéraire.* »

A propos du pont de Donchery, un sous-officier d'artillerie m'a dit, dans la cour du château de Villette, qu'il avait été chargé de faire transporter de la poudre près du pont de Donchery, où il en avait fait la remise à un officier du génie, chargé de faire sauter ce pont ; que cet officier lui avait dit : « c'est bien, vous pouvez déposer votre poudre là, et vous retirer. » Les faits ont démontré que le pont n'avait été ni coupé, ni gardé, et qu'aucun officier de l'état-major n'est allé s'informer de l'état de ce passage, qui a permis à cent mille Prussiens de passer, pendant la nuit, de la rive gauche de la Meuse, sur sa rive droite : ce chiffre m'a été donné par le colonel de Hayduc, du 13e hussards prussiens, lorsqu'il est venu prendre le commandement de la ville de Sedan, dans la matinée du 3 septembre.

Par le fait d'une négligence aussi grande, l'ennemi put occuper les villages de la rive droite de la Meuse : Vrignes-aux-Bois ; Saint-Menges, Fleigneux, et même Illy. Notre artillerie n'a pas même daigné occuper les hauteurs de la presqu'île d'Iges, ce qui aurait permis de garder la route départementale de Mézières, et empêché l'occupation des villages de Vrignes-aux-Bois et Saint-Menges, en conservant une ligne de retraite sur Mézières.

1er septembre 1870. — A quatre heures du matin, on donne des ordres dans notre division, pour faire monter à cheval, sans bruit de trompettes ; les feux du bivouac s'allument aussitôt, mais s'éteignent de suite, par ordre. Quelques projectiles des postes avancés ennemis sifflent à nos oreilles ; on continue de seller et de paqueter avec ordre ; personne n'ignore que la journée sera rude, et qu'il faut prendre des mesures en conséquence. On inspecte ses armes, pour s'assurer que tout est en bon état, et l'on charge ses pistolets à nouveau.

On monte à cheval et l'on rompt par quatre, suivant l'ordre des brigades ; c'est-à-dire 1er et 4e de cuirassiers, formant la première brigade ; 2e et 3e de cuirassiers, formant la deuxième brigade.

Un brouillard très épais empêche de voir à une longue distance, et l'on marche lentement, dans la direction de Floing. Nous pénétrons jusqu'au centre du village, et là sommes informés par des hommes de l'avant-garde, que les Prussiens occupent le terrain en avant. Floing est, en partie, abandonné par ses habitants, et le service des ambulances vient prendre possession des maisons un peu spacieuses, pour y établir des services. Notre colonne fait demi-tour, et vient s'établir en avant d'un ravin situé au nord de Sedan, près de la première maison du village de Floing.

On se forme en colonne serrée, et le 1er régiment de cuirassiers envoie un escadron, puis enfin tous ses escadrons.

Les bagages et les chevaux de main, qui marchaient à la gauche de la colonne, reçoivent l'ordre de se diriger sur Sedan ; cette colonne a été poursuivie, et coupée par l'ennemi, et nos chevaux de main restèrent en leur pouvoir.

La canonnade se fait entendre dans la direction de Bazeilles, puis ensuite, les décharges de mousqueterie ; puis, peu après, des projectiles lancés de la direction nord viennent nous atteindre. On nous place en colonne serrée, ainsi que l'artillerie de réserve, dans un large ravin, dont la gorge fait face à l'ouest. Un instant après, la position n'était plus tenable ; on fit rompre en colonne par peloton, pour nous placer plus avant dans le ravin : les voitures et les munitions de l'artillerie de réserve, placées contre le tertre le moins exposé au feu, et notre cavalerie en colonne par peloton, le long de l'artillerie de réserve.

Les mamelons du côté de l'ennemi sont occupés par les troupes du 7e corps, sous le général Douay; les hommes de l'infanterie sont en partie couchés sur le sol, pour ne pas être aperçus de l'ennemi, en attendant que leur tour d'entrer en ligne arrive. Ce principe, que je crois mauvais, a démontré l'inconvénient de ce système, dont certains hommes profitent pour ne pas combattre du tout; nombre d'entre eux se sont laissé écraser par les voitures de l'artillerie, plutôt que de combattre, et se laissaient emporter ensuite dans les ambulances, comme blessés.

A chaque instant, on voit descendre de l'artillerie qui manque de servants, ou qui a épuisé son feu; elle est immédiatement remplacée par des pièces de la réserve, qui grimpent les pentes à leur tour, pour aller se mettre en position. La nombreuse artillerie de l'ennemi continue de semer la mort dans les rangs de nos troupes, qui ne peuvent pas tenir devant le grand nombre ; et malgré les efforts puissants des nôtres, l'ennemi continue d'avancer et resserre son cercle. Ses puissantes réserves comblent les vides, à mesure qu'ils se produisent ; tandis que de notre côté, on est contraint de reculer, à mesure que les rangs s'éclaircissent.

Les projectiles nous arrivent de trois côtés différents ; nous voyons tomber nos hommes et nos chevaux, sans que pour cela on nous fasse agir davantage ; puis, enfin, la colonne avance, on passe en arrière des lignes de tirailleurs, on coudoie la division Duhesme, qui n'est pas mieux placée que nous l'étions un instant avant, et l'on arrive déboucher sur un plateau, près du bois de la Garenne. Nous devenons le point de mire de l'artillerie ennemie, qui tire sur nous de tous les côtés ; notre artillerie riposte, mais elle n'est pas en nombre, et le feu est tellement violent que des canonniers quittent leurs chevaux pour fuir, en abandonnant leur pièce.

Des cuirassiers démontés de notre régiment montent les chevaux de la pièce abandonnée, et l'officier, qui commandait, arrive enfin à ramener ses hommes, qui reprennent leur place à cheval.

Dans ce moment, le spectacle était saisissant ; le sol se couvrait de cadavres de chevaux et d'hommes.

Après plusieurs marches et contre-marches sur ce terrain, qui se remplissait de monde et de voitures, et où chaque projectile ennemi causait des ravages, nous quittons enfin le plateau par le côté opposé à celui où nous y étions arrivés, et nous descendons près de la ville. L'ennemi était sur les hauteurs, en face de nous, et nous étions tous heureux de pouvoir enfin aller nous mesurer avec lui. Notre illusion ne fut pas de longue durée. A peine étions-nous descendus de ce plateau, que nous apercevons, à notre gauche, de nombreuses troupes d'infanterie française, venir de la direction du bois de la Garenne, au pas de course et en désordre, pour se diriger sur la ville de Sedan : c'était la retraite générale qui continuait, et que nous ne connaissions pas encore.

On nous fait remettre le sabre ; nous traversons un terrain encombré par des voitures de munitions et d'artillerie, dont les chevaux avaient déjà été dételés. On nous dirige sur les fortifications, dans lesquelles on nous fait pénétrer ; les fossés étaient déjà en partie remplis par des pièces d'artillerie, par des hommes, par des chevaux de toutes armes. Nous conservons régulièrement notre ordre en colonne par deux, pensant que nous allions opérer de l'autre côté de la ville, en passant par les fossés ; mais à peine y étions-nous arrivés, que nous aperçumes que les têtes de colonne n'avançaient pas, et que des troupes arrivaient toujours. Le cri : avancez donc ! se fait entendre de partout ; mais cela n'était pas possible, le fossé était barré par une forte palissade, et on était arrêté devant une poterne.

Les gardes mobiles, placés sur les remparts, ne cessent de tirer, malgré les cris du dehors de cesser le feu ; l'ennemi continue d'avancer, et ressert son cercle. Par un changement de position, il vient exécuter, sur nous, un tir d'enfilade, qui produisait des effets d'autant plus effroyables que nous étions dans l'impossibilité de résister et de nous défendre ; les gros projectiles venaient éclater au milieu de ces masses entassées dans des fossés, et le sol se couvrait de cadavres.

La poterne, maintenue toujours fermée, s'ouvre enfin ; on entre dans le fort ; nos artilleurs montent leurs pièces sur les remparts, commencent un feu qui éloigne aussitôt l'infanterie ennemie et permet à nos troupes d'entrer en ville. Les cours de la forteresse, où nous étions, se remplissent d'hommes et de chevaux ; les projectiles ennemis arrivent avec profusion, et font de grands ravages ; chacun cherche un abri contre ces engins destructeurs, et quand on croit l'avoir trouvé, vite on reconnaît qu'on s'était trompé. L'ennemi quitte ses positions pour en prendre de nouvelles, qui lui permettent de tirer plus avantageusement sur la ville ; notre artillerie cesse son feu, et le calme renaît un peu.

J'avais été obligé, pour entrer en ville, de laisser ma monture dans le fossé ; c'était bien à contre cœur, mais les chevaux n'entraient pas. Je fus, ensuite, la rechercher, lorsque le passage était moins fréquenté. Le commandant de place s'y opposait : je lui fis observer que cette bête était ma propriété, et il y consentit. En passant le souterrain obscur, un turco veut s'emparer de mon cheval, pour aller le vendre sans doute, comme ils ont fait de tant d'autres : un coup de poing que je lui lançai vigoureusement en pleine figure, le coucha par terre, et j'en fus débarrassé. Je crois, que de ma vie, je n'avais donné un semblable coup.

Pour en revenir à ma monture, que j'étais tout aise de retrouver, je la confiai à mon ordonnance, et j'ai constaté que, pendant le peu de temps que j'en ai été séparé, on m'avait soustrait mon bissac de campagne, contenant mes effets de toilette, un képi, une chemise, deux paires de chaussettes, et deux mouchoirs de poche.

Je descendis, ensuite, dans la ville, pour essayer de me procurer des vivres ; il était environ cinq heures du soir, et je n'avais fait qu'un bien maigre repas la veille. Je parcourus différentes rues de la ville ; elles étaient encombrées de voitures et de chevaux. Malgré mes recherches, il ne me fut pas permis de trouver un endroit où l'on puisse avoir quoique ce soit.

Je fis la rencontre d'un officier du 1er de cuirassiers, qui, comme moi, cherchait pâture, et n'était pas plus heureux. Nous apercevons un homme entrant dans un corridor, nous nous adressons à lui, en lui demandant s'il ne connaissait pas une maison où l'on voudrait ouvrir, et où nous pourrions acheter de quoi manger. Il nous répondit qu'il y avait bien un café dans la maison, mais qu'il croyait qu'il n'y avait plus rien. Nous entrons, et après bien des pourparlers, on consent à nous céder une bouteille de vin, nous disant qu'il n'en restait plus que trois à la maison, et un caporal de chasseurs à pied nous fait l'offre d'un biscuit sur les six qu'il possédait. Le repas ne fut pas long, mais il nous fit bien plaisir. Je quittai cet officier pour me diriger vers le quartier de cavalerie. En arrivant près de la place Turenne, je vois tomber, à environ cinquante pas en avant de moi, un obus, qui abat quatre chevaux attelés, séjournant sur la place. Je continue mon chemin, et en arrivant près du quartier, je fus saisi et entraîné, par le bras, par un ouvrier qui était réfugié dans une espèce de pissoir, situé à l'angle d'une ruelle. Il me dit : « Mon capitaine, vous ne voyez donc pas comme ça pleut, que vous voulez risquer de vous faire tuer pour rien. »

En effet, beaucoup de projectiles tombaient sur le quartier de cavalerie, et sur les maisons avoisinantes. Le magasin à fourrage était en feu, et ses flammes lugubres s'élevaient dans l'espace ; je me décidai à retourner dans la ville, et j'appris, un instant après, que notre général de brigade venait d'être tué en traversant la place Turenne, accompagné de son officier d'ordonnance, M. Canuet, du 9e régiment de chasseurs. L'armistice est demandé, le feu cesse.

Je me dirige vers l'hôtel de l'Europe, que je trouve fermé ; je sonne avec force, et je parviens à me faire ouvrir. Beaucoup d'officiers, de tous grades, étaient à table, et ressemblaient à des protégés de l'hôtel, car ils avaient du vin, du pain et de la viande. Moi, je ne pus obtenir qu'une faible portion de jambon, et pas de pain, si ce n'est quelques bribes, provenant des restes de table. Enfin ne pouvant rien obtenir de la maîtresse de l'hôtel, j'avise un garçon, et me recommande comme ancien pensionnaire de la maison, ce qui n'était pas, mais dans les cas difficiles, il faut savoir user des petits moyens. J'obtiens de lui une portion de jambon et une bouteille de vin, quant au pain, il ne fallait pas y songer, l'hôtel n'en possédait plus. Avec mes provisions, je me place à une table, et deux capitaines d'infanterie viennent se placer à côté de moi : l'un était porteur d'un pain d'au moins trois livres, acheté en ville, mais à l'hôtel ils ne purent rien obtenir. Je leur offris de mon vin et de mon jambon, et ils m'offrirent de leur pain : de cette façon, tout s'arrangea pour le mieux.

Un incident est venu troubler notre frugal repas, et

voici comment : un monsieur, parlant un peu français, et se disant espagnol, était venu s'installer à la grande table de la salle où nous étions, puis ensuite, à notre table, et adressa quelques questions à un officier de notre voisinage, dont la famille habite le voisinage de l'Espagne. Il parle à l'étranger dans la langue de son soi-disant pays, et reconnaît bien vite que cet étranger n'est pas espagnol ; on l'accuse d'être un espion prussien, et de suite on s'empare de sa personne, on le fouille, et l'on trouve sur lui un croquis des environs de la ville, avec des indications d'emplacement des troupes ; c'est alors que le mot : « A mort ! » se fait entendre dans la salle. Voyant que l'exécution pourrait bien suivre la menace, un général, placé à la grande table, se lève et dit qu'il serait bien plus sage de le livrer au commandant de la place, qui examinerait la position de l'individu, et ferait faire justice. De son côté, la dame de l'hôtel avait beau crier qu'elle connaissait cet étranger, qui logeait à l'hôtel depuis quinze jours, et qu'elle répondait de lui, rien n'y fit ; et l'étranger fut conduit chez le commandant de la place, par deux officiers d'infanterie, et un lieutenant du 1er de cuirassiers, M. de Lignières.

Peu de temps après, on vit revenir l'officier, et chacun s'empressa de le questionner sur le résultat de sa démarche ; il nous répondit que le commandant de la place, en voyant l'individu, avait dit que cet homme lui avait été amené déjà plusieurs fois, qu'il le connaissait, qu'il en répondait, et qu'on pouvait le laisser libre.

Il est présumable que cet homme remplissait des doubles fonctions, et qu'on voulait le ménager ; mais ce qu'il y a, je crois, de certain, c'est qu'il n'était pas français, et que son papier indiquait des emplacements qui n'étaient pas ceux de l'ennemi, d'où l'on doit conclure qu'il servait l'ennemi, et non pas nous.

Notre frugal repas terminé, nous nous rendons au Café des Glaces, situé presque vis-à-vis l'hôtel, espérant pouvoir y obtenir une bonne tasse de café chaud : cela ne fut pas possible, et il fallut se contenter d'un verre d'eau-de-vie, ou de Rhum, les seules boissons que la maison possédait. A dix heures, chacun s'occupe d'établir sa couche, les banquettes restent aux premiers arrivés, et le plancher reste le matelas des autres officiers. On était très fatigué et une heure après, tout le monde dormait, comme sur le meilleur des lits. L'ennemi cesse son feu à neuf heures ; une députation part pour son camp.

2 Septembre 1870. — A la pointe du jour, tout le monde se lève, y compris les maîtres de l'établissement ; on prend une tasse de café noir, mais le sucre manque, le pain manque, et chacun paraît satisfait du peu.

Le colonel du 51e, qui était des nôtres avec ses officiers, possédait le drapeau de son régiment. Il consulta ses officiers sur la destination qu'il fallait donner à ce noble symbole de l'honneur et du dévouement, et il fut décidé qu'il serait brûlé : cette exécution eut lieu immédiatement, et la hampe fut sciée par moi, pour en faire une canne au colonel, qui a aussi, je crois, conservé la cravate du drapeau.

Je me dirige ensuite sur le quartier de cavalerie, je rassemble les débris de mon escadron, et je le fais bivouaquer dans le grand terrain situé près du manège : tous les débris des régiments de cavalerie sont, pêle-mêle, dans les cours du quartier ; chacun groupe ses fractions.

L'incendie du village de Bazeilles, commencé la veille, continue. De ce beau village, rempli de métiers à tisser, il ne reste pas une seule maison ; les soldats ennemis n'ont rien épargné, pour que leur œuvre de destruction soit complète : ils parcouraient les rues, et jetaient à la main, à travers les croisées, des engins imprégnés de pétrole, pour propager et activer l'incendie.

L'Empereur se rend vers les sept heures et demie au château de Bellevue, pour conférer avec le roi de Prusse. Le Général de Wimpffen, de son côté, se rend au quartier général prussien pour y discuter les termes de la capitulation. Rentré à Sedan, il réunit un conseil de guerre, composé d'une trentaine de généraux, et à l'unanimité, moins deux voix, on convient que toute lutte est inutile, et la capitulation est signée.

L'armée française comptait environ 80.000 hommes, et 200 bouches à feu : mais dans cet effectif, il y avait une quantité considérable de non combattants, et parmi, beaucoup de mobiles, arrivés depuis peu, et n'étant ni habillés, ni armés, ni instruits.

D'un autre côté, la sortie de la ville ne pouvait se faire que par les portes, et l'ennemi avec une armée forte encore de 230.000 hommes, avec 700 bouches à feu, occupait tous les passages, et toutes les positions avoisinant la ville.

Les officiers de notre régiment se réunissent vers les dix heures, dans l'une des chambres du quartier, où plusieurs s'étaient installés la veille. Chacun réunit ses petits achats fait en ville, et on forme un déjeuner que nous partageons entre tous : c'est à l'issue de ce déjeuner que nous apprenons que la capitulation est signée. On s'y attendait un peu, voyant que le feu n'avait pas recommencé à neuf heures, terme de la suspension ; mais on croyait, aussi, à une prolongation de suspension de feu.

A midi, tous les hommes de notre division sont réunis, et le général de Bonnemains, qui nous commande, fait rendre les armes, qui sont déposées dans des chambres du quartier de cavalerie.

On fait une distribution de vivres à la troupe, au moyen des quantités nombreuses qui sont placées dans le manège ; on paie également la solde à la troupe jusqu'au deux septembre inclus, et on leur donne, à titre de gratification, un franc par sous-officier, et cinquante centimes par cavalier. Les officiers reçoivent également leur solde jusqu'à la date du deux septembre inclus.

En vertu de la capitulation, beaucoup de propositions sont faites aux officiers, et ces propositions ont varié jusqu'à six fois différentes ; la principale a été celle-ci : que l'officier serait autorisé à rester en France, en souscrivant l'engagement de ne pas servir contre la Prusse, et de ne rien faire qui soit contraire à ses intérêts, pendant toute la durée de la guerre ; dans ces conditions, on partait avec armes et bagages, avec son ordonnance et ses chevaux. Peu d'officiers ont accepté ces conditions, et la majeure partie a préféré suivre le sort de la troupe. Le roi de Prusse et M. de Bismarck ont été, dit-on, fort contrariés de la non acceptation de ces propositions ; et à ce sujet, nous avons été l'objet de mille petites tracasseries de la part de l'autorité. Lorsqu'on se plaignait, on vous répondait : Pourquoi ne signez-vous pas le revers.

Il fait un temps affreux, la pluie ne cesse de tomber pendant presque toute la journée ; la ville est encombrée de chevaux, de voitures de toutes sortes ; celles contenant des vivres, sont à chaque instant pillées par les troupes. J'ai vu un général de division, défendre à coups de canne, le pillage d'une voiture, chargée de sucre et de café, sur la place Turenne, à Sedan ; les pillards, qui appartenaient à l'infanterie, s'éloignèrent, mais revinrent aussitôt après le départ du général. Du reste, ces hommes venant d'Afrique, passent leurs journées à écraser, dans des gamelles, au moyen de la crosse de leur fusil, du café grillé, et à le faire infuser. Le trottoir de la grande place est bordé de petits feux, établis par ces mêmes hommes, qui passent leurs journées à faire la cuisine, et à boire. Le biscuit roule dans la boue ; les chevaux, abattus en pleine rue, sont dépecés par tous les arrivants, qui coupent les meilleurs morceaux, et roulent le reste dans la boue. L'eau-de-vie coule sur les trottoirs, les hommes se promènent avec des pains de sucre sur les bras, où des sacs de café. Des artilleurs et des forgerons passent avec des calibres de mitrailleuses, pour aller les détruire au feu de forge ; les armes de toutes sortes sont brisées, et jetées dans les ruisseaux, le long des trottoirs. Sur un autre point de la ville, des lards de l'administration sont livrés au pillage ; civils et militaires y prennent part ; en deux mots, pillage et gaspillage partout ; et deux jours après, on pleure les vivres qu'on n'a pas, et qu'on voudrait avoir.

A cinq heures du soir, nous nous rendons, d'Orcet et moi, à l'hôtel de l'Europe ; nous attendons deux heures, pour avoir un peu de bouillon, et une bouteille de vin, que nous payons fort cher ; nous obtenons une tasse de café, au Café des Glaces, et le plancher de cet établissement me sert de lit de camp pour la nuit ; salle comble, et personne ne murmure de sa position peu moelleuse.

3 Septembre 1870. — Au petit jour, tout le monde se lève ; on fait sa toilette de son mieux, et l'on obtient, moyennant cinquante centimes, une tasse de café noir, qui réchauffe un peu de la fraîcheur de la nuit. Je me rends au quartier, pour faire préparer mes hommes ; à huit heures, nous montons à cheval, pour sortir de la ville et aller camper dans l'île de Glaire.

Avant de quitter le faubourg, on fait dire aux officiers, que ceux qui veulent être libres peuvent rentrer en ville. Là, je trouve le colonel de Tugny, notre chef d'état-major ; nous nous entretenons assez longuement ensemble, et je me décide à revenir en ville, pour examiner plus attentivement la situation.

A cet effet, après avoir placé mon cheval dans l'une des écuries du quartier, où plusieurs chevaux de mes camarades du régiment se trouvaient, je me rendis au café militaire, situé en face de la grille du quartier. Là, je vis beaucoup d'officiers, discutant les propositions qui nous étaient faites ; Savalle, de Bermingham, et moi, décidons que nous irions déjeuner, et qu'ensuite, nous nous rendrions au campement de nos hommes, pour attendre les évènements. En conséquence, nous nous rendîmes à l'hôtel de l'Europe, où nous pûmes nous faire servir. Le chef d'escadrons Bobin était avec nous ; ses idées étaient bien arrêtées, il voulait rentrer en France. En revenant de l'hôtel, les rues étaient tellement encombrées de monde et de voitures, qu'au bout d'un instant, nous nous trouvâmes séparés. Je me dirigeai alors vers l'hôtel de la Croix d'Or, que nous trouvons rempli d'officiers. De Bermingham m'avait rejoint, et nous nous installons à la grande table ; avec beaucoup de peine, nous pûmes obtenir une cotelette, et un léger morceau de pain ; il fallut se contenter du peu.

En ce moment, entre dans la salle, un colonel prussien, accompagné d'un lieutenant de son régiment ; ils se placent à la grande table, presque en face de nous, après avoir salué. Ce colonel venait prendre le commandement de la ville de Sedan.

La conversation s'engage, et le colonel dit qu'il avait connu des officiers français, lorsqu'il était en garnison à Sarrebruck ; je lui demandai s'il avait connu M. de Hayduc, alors lieutenant ; il me répondit qu'il était M. de Hayduc, et me demanda mon nom, dont il s'est parfaitement souvenu. Il se lève pour venir s'asseoir auprès de nous, et causer. On parle des personnes que nous avions connues, et peu de temps après, il se rend à son service, laissant, auprès nous, son lieutenant, M. Max von Hagenow ; ces messieurs appartenaient au premier régiment des Hussards de Hesse, n° 13.

Nous nous rendîmes, avec ce lieutenant, au café militaire. Là, comme à l'hôtel, il voulut bien se charger de toutes les lettres qu'on lui remettait pour être adressées à nos familles.

Nous trouvâmes au café les chefs d'escadrons Bobin et Savalle, tous les deux munis de laisser-passer prussiens, et une heure après, ils partaient avec armes et bagages, et leurs ordonnances, se dirigeant vers la France, en passant par Bouillon et la Belgique. Une demi-heure plus tard, De Bermingham et moi montions à cheval, pour nous rendre à l'île de Glaire, où étaient déjà les hommes du Régiment, bien décidés que nous étions, à ne rien souscrire avec le gouvernement prussien.

La route était encombrée par les nombreuses troupes qui se rendaient à la même destination ; les portes, surtout, étaient encombrées d'armes brisées, et les chevaux ne passaient qu'avec peine sur tous ces débris.

Nous arrivons enfin à ce campement, qui était situé

près du hameau de Villette, en face d'une avenue de peupliers, qui conduit au château de Villette. Le temps était beau, un soleil superbe dardait sur les terrains détrempés par la pluie du matin. Le colonel Lacour et plusieurs officiers étaient assis sur un tas de pierres, attendant, peut-être, des distributions qui ne devaient pas avoir lieu.

M. Chaîne et moi nous dirigeons vers le château ; le fermier venait d'être l'objet d'une agression de la part de certains maraudeurs, qui voulaient lui enlever ses volailles. Ce château était gardé par une vieille cuisinière et un jardinier, qui habitait avec sa famille dans un bâtiment voisin.

Nous demandons à la cuisinière de bien vouloir nous faire cuire les quelques aliments que nous allions acheter pour notre dîner ; elle fut très aimable pour nous, elle nous répondit qu'elle ne demandait pas mieux, qu'elle nous donnerait, en outre, une bouteille de vin, et que pour coucher, elle mettait à notre disposition l'écurie, où il y avait de la paille, et deux matelas de la maison ; c'était, pour nous, une Providence.

Lors que la nuit fût venue, on vit des hommes envahir les locaux isolés, cherchant à s'emparer de tout ce qui se présentait à leur vue ; il fallut intervenir, et tout rentra dans l'ordre. La nuit était très noire, plusieurs tentatives d'évasion eurent lieu, et si quelques hommes réussirent, beaucoup échouèrent, et payèrent de leur vie ces tentatives.

Avant de continuer, il est bon de signaler les noms des officiers qui ont pris l'engagement avec la Prusse : 1° de ne pas servir contre elle pendant toute la campagne ; 2° de ne rien faire qui soit contraire à ses intérêts, soit directement, soit indirectement, etc., etc., etc. Par la signature de ce *Revers* ou contre-engagement, l'officier recevait un sauf-conduit pour se rendre en France, emmenant avec lui ses chevaux et son ordonnance.

Les noms des officiers qui ont signé sont : MM. les chefs d'escadrons Bobin et Savalle ; les capitaines Frollet et Boulard ; le lieutenant Pinte : les sous-lieutenants Béchelé, Mourlon et Martin ; le vétérinaire en 1er Warnier, et l'aide-vétérinaire Boyer.

Les officiers qui ont suivi la troupe comme prisonniers de guerre sont :

MM. Lacour, colonel : de Négroni, chef d'escadrons ; Mayniel, lieutenant d'état-major ; Chaine et de Bermingham, adjudants d'état-major ; Billot et Duvivier, capitaines-commandants ; Lemonnier et d'Orcet, capitaines en second ; Fayolle, Renaud, Ginter, lieutenants ; de Giverdey, Legrain, de Rancougne, Graud, Freund, Billet, Angot, Coudroy [1], sous-lieutenants.

Le médecin major Boutonnier, et le médecin aide-major Février, furent retenus à Sedan pour soigner les malades et les blessés.

4 Septembre 1870. — Il fait un soleil magnique, et la journée paraît être très belle. Les hommes arrachent les pommes de terre plantées dans le voisinage. Les hommes de l'artillerie et des turcos brisent les grilles des jardins du château : en un instant, le potager est ravagé, les parterres dévastés ; puis, des turcos brisent les barreaux en fer d'une croisée pour s'introduire dans une chambre où se trouvaient les lapins du jardinier. J'arrive juste à

1. Coudroy étant resté des derniers, avec les hommes, s'évade de Sedan.

temps, pour arrêter un sergent qui emportait, dans une musette, les deux derniers lapins, que je fais rendre au propriétaire. Dans la journée j'achète ces deux lapins et en cède un au colonel Lacour. Le fermier nous vend du pain à raison de un franc la livre, et nous nous trouvons pourvus de vivres pour une bonne journée. Le château ne possédait plus qu'un peu de pommes de terre et du vin.

Les hommes ne reçoivent plus de distributions, et cherchent à se pourvoir partout où ils trouvent. Un château voisin est livré au pillage : les meubles, les glaces et jusqu'aux volets des croisées disparaissent ; tout ce qui est bois sert à la cuisson des quelques aliments qu'on parvient, à grand'peine, à se procurer ; on voit même des hommes se promener dans le camp avec des vêtements de femme, etc., etc.

La Meuse est remplie de cadavres d'hommes et de chevaux, et c'est au milieu de ces débris, que beaucoup d'hommes viennent puiser l'eau nécessaire à leur alimentation.

Les journées paraissent longues, et nous passons une partie de notre temps à contempler les positions que nous occupions pendant la bataille. La nuit venue, beaucoup d'hommes se rapprochent du château ; on décide que nous coucherons dans l'intérieur ; et à cet effet, on descend des matelas dans la salle à manger et dans le fumoir, et l'on forme une installation pour huit officiers, ce qui empêche les maraudeurs de pénétrer dans l'intérieur. La nuit est très-noire et favorise les tentatives d'évasion : malheureusement, beaucoup payent de leur vie leur non réussite.

5 Septembre 1870. — Le capitaine Chaine est malade ;

il est resté couché une partie de la journée. Dans la matinée, la cuisinière vint me confier que les vins les plus précieux, tels que Tokay et Romanée, de 1834 et 1846 avaient été placés dans un égout passant sous le château, et dont l'ouverture donnait en arrière d'une terrasse où l'on arrivait par des portes ne fermant même pas à clef. La confidence fut heureuse, car environ trois heures après, j'entends de la terrasse un bruit de bouteilles qui s'entrechoquent ; je me dirige de ce côté, et me trouve en face d'un grand sergent de Turcos et de plusieurs hommes, qui, sur mon ordre, déposent leurs bouteilles, et se retirent. Des officiers arrivent à moi, et nous pénétrons dans le réduit, où nous trouvons un caporal d'infanterie, qui, sur mes questions, répond très naïvement : « qu'il était descendu là pour voir où ce passage conduisait, mais non pour voler. » On avait enlevé environ deux cents bouteilles de ces vins, et il en restait encore cent soixante-trois bouteilles, qui furent réintégrées dans les caves, et mises à l'abri du pillage ; les portes des caves furent soigneusement fermées et barricadées.

6 Septembre 1870. — A sept heures du matin, on réunit la division de cuirassiers, et on la conduit près de la sortie, pour la mettre en route pour l'Allemagne. Y étant arrivés, on prévient que le convoi est complet, et que les hommes de troupe de cette division partiront le lendemain. La pluie tombe très-fort, et malgré cela, les hommes étaient enchantés de quitter ce camp, où les vivres ne venaient pas, et où la position ne pouvait procurer aucune ressource. Enfin, il fallut se résigner à revenir prendre ses emplacements.

Les chevaux avaient été livrés les jours précédents et

les harnachements avaient été employés au chauffage des bivouacs. A dix heures, le colonel Lacour et le chef d'escadrons de Négroni sont mis en route ainsi que les autres officiers supérieurs de la division.

Je prends le commandement du Régiment, et le capitaine d'Orcet est désigné pour remplir les fonctions de sous-intendant pour notre division.

On reçoit, pour nos hommes, un peu de biscuit ; et cinq moutons, pour le régiment.

La pluie tombe à chaque instant, le terrain est boueux, et l'on respire, dans ce camp, un air putride, qui en rend le séjour insupportable. Je couche chez le jardinier.

7 Septembre 1870. — A onze heures, départ des lieutenants Renaud et Ginter ; des sous-lieutenants de Giverdey, Legrain, Freund, et Billet ; ces officiers avaient été désignés pour compléter un convoi, par l'entremise de d'Orcet.

Les hommes du Régiment reçoivent deux vaches et un peu de pain ; on mange du cheval, à volonté, malgré l'opposition que l'ennemi fait à l'abattage.

8 Septembre 1870. — Dans la matinée, on nous fait connaître que les officiers de la division de Cuirassiers seront mis en route à midi. Je fais préparer mon harnachement et mes armes, pour être déposés dans le grenier du château de Villette ; on nous fait à déjeuner, et nous nous mettons en route, laissant pour le service du Régiment, le plus jeune capitaine, M. d'Orcet et le plus jeune sous-lieutenant, M. Coudroy. Tous, nous sommes suivis de nos ordonnances.

A midi, nous nous mettons en route ; les capitaines doivent voyager sur des voitures de paysans, et les lieutenants et sous-lieutenants doivent marcher à pied avec les ordonnances. Le nombre des voitures étant assez considérable, tous les officiers peuvent y prendre place. Nous nous mettons en route, et traversons Sedan, où nous serrons la main au docteur Février, qui restait pour soigner les blessés.

Un membre de l'Internationale m'offre un paquet de tabac de Belgique. Nous sortons de Sedan par la porte de Balan et traversons les ruines fumantes du malheureux village de Bazeilles, puis les anciens campements des Prussiens, remplis de bouteiller vides, et de débris de toutes sortes ; puis, çà et là, des cadavres isolés, qui n'avaient pas reçu la sépulture.

Près de la chaussée, sur la route de Beaumont, nous apercevons, dans une mare, située à notre droite, le cadavre d'un soldat allemand, la face contre terre, et en partie recouvert par l'eau. Un officier demanda à un sous-officier allemand de notre escorte, pourquoi on laissait là ce cadavre ; il répondit que c'était un voleur, qui avait été fusillé sur le tas de sable, et qu'il devait rester ainsi exposé.

Les officiers du régiment faisant partie de ce convoi sont : MM. Billot, Duvivier, Chaîne, Lemonnier et De Bermingham, capitaines ; Fayolle, lieutenant ; de Rancougne et Ayot sous-lieutenants.

Le temps, beau au départ, est pluvieux pendant une partie de la journée ; les villages que nous traversons sont occupés très fortement. Nous arrivons à Stenay à dix heures du soir ; toutes les maisons sont gardées, et il est impossible de se procurer des vivres. Je pénètre chez un serrurier établi sur la grande place ; le capitaine Chaîne est avec moi ; la femme est dévouée et courageuse ; elle nous cède un morceau de pain qui lui restait, et nous dit qu'elle nous logerait. Sur sa demande, une voisine arrive, et nous dit qu'il fallait aller prendre sa chambre de suite, attendu que des Allemands lui étaient annoncés. En effet, à peine étions-nous installés, que deux soldats viennent se présenter ; on leur donne un matelas dans la cuisine, et ils s'en contentèrent. Nous étions fatigués, et la nuit fut bonne. La place de Stenay était encombrée de prisonniers français, partis de Sedan le matin, et chacun s'installa de son mieux, pour se préserver de la pluie, qui ne cessa de tomber pendant une partie de la nuit.

Vendredi 9 septembre 1870. — A sept heures du matin, nous nous levons pour essayer, s'il est possible, de faire des vivres pour la journée. Le pain est introuvable ; nous nous rendons au café où allaient les officiers de la garnison ; on nous dit qu'il n'y avait plus rien à la maison, qu'un peu de café sans sucre. Je m'annonce comme ancien client de la maison, je demande des nouvelles des personnes de la localité que je connaissais, ainsi que dans le voisinage où j'avais logé de passage avec mon régiment On me dit : alors, puisque vous êtes du pays, venez avec moi, et on nous fait passer dans une chambre voisine, où nous eûmes du café sucré, de l'eau-de-vie et du pain.

Non loin de là, je découvre un boucher et charcutier qui venait d'ouvrir, j'achète une livre de viande, une livre de lard et me rend sur la place où la ville faisait distribuer du pain à raison d'une livre par homme ; il n'y en avait pas pour tout le monde, mais cette fois j'étais des élus.

Chacun reprend ses voitures, et les officiers, partis le même jour que nous, dans la matinée, augmentent le nombre ; on fait de son mieux pour donner des places à ceux qui n'en ont pas, mais malgré cela beaucoup sont obligés de marcher à pied.

A huit heures, on se met en route, par une pluie torrentielle, pour se diriger sur Damvillers. Etant près d'y arriver, une partie du convoi s'y dirige, et nous obliquons à droite, pour gagner le village d'Ecurey où nous arrivons par une pluie affreuse. Nous sommes très bien accueillis par les habitants, qui préparent de grands feux, et font de leur mieux pour procurer des vivres aux officiers. Une portion de nos hommes à pied est enfermée dans l'église du village, et l'autre portion subit le même sort dans l'église d'un village encore plus éloigné et qui se nomme N*.

Dans la maison où j'étais, nous nous trouvions huit officiers, dont quatre d'artillerie ; on fit à manger en commun, et des soldats saxons, qui formaient un poste dans cette maison, furent d'une prévenance inouïe pour nous, nettoyant et faisant sécher nos chaussures et nos vêtements. Le sous-lieutenant de Rancougne disparaît : le cultivateur Vatelé lui donna son fils, pour l'aider à s'échapper, après le départ de la colonne.

Samedi 10 septembre 1870. — Départ d'Ecurey à sept heures du matin ; peu de pluie ; nous traversons une forêt, qui paraissait assez étendue. Sur les bords de la route, se trouvaient des paysans, disant qu'ils avaient des vêtements à donner à ceux qui voulaient s'évader ; la vigilance était grande, et je ne sais si beaucoup ont pu profiter de l'offre ; seulement, après avoir passé ce bois, la colonne s'est arrêtée assez longtemps dans un village, où je crois, plusieurs sont restés. Les perquisitions ne me parurent pas bien sérieuses de la part de l'ennemi. Nous sommes arrivés à Etain, à quatre heures du soir. Je fus me loger chez un entrepreneur à l'angle de la rue..... et de la rue.....

Un capitaine de chasseurs d'Afrique et deux officiers logèrent dans la même maison ; nous fîmes cuisine ensemble, et une voisine nous prépara à dîner pour un prix relativement peu élevé.

Je pensais voir à Etain le fils... qui s'y trouve établi notaire, mais d'après renseignements, il faisait partie de la Mobile, et était à Thionville.

Dimanche 11 Septembre 1870. — Départ d'Etain à sept heures du matin ; le temps est beau, la journée promet d'être très belle, les voitures sont peu nombreuses, et occupées par des officiers qui s'en sont emparés au moins une heure et demie avant le départ. Le sous-lieutenant Lhermitte du 3e Régiment de Lanciers, qui voyage avec trois voitures d'escadrons de son régiment, en met une à ma disposition, et nous nous installons dans cette voiture avec le capitaine de Misieux, le sous-lieutenant Amiel et un autre officier ; de cette façon, nous voyageons très à notre aise. On passe à Jarny, Doncourt-en-Jarnisy ; et dans un bas fond, en face du village de Saint Marcel, se trouve la ferme Cautre.

Vers les trois heures, on fait une longue halte près de cette ferme isolée qui sert de magasin de vivres pour les troupes ennemies. Des voitures chargées de lard en bande et de pains de munition allemands longent notre colonne, et l'on fait une distribution à la troupe et aux officiers.

Le pain est moisi, et personne n'en accepte ; le lard,

d'une assez belle apparence, a une odeur désagréable ; on m'en avait offert un morceau d'au moins quatre livres, qui paraissait beau ; mais son odeur suffocante me le fit abandonner à Gorze, où je l'échangeai avec un soldat prussien, contre une botte de paille.

On quitte la route, et par un chemin de traverse, on arrive à Villers-aux-Bois ; on coupe la voie romaine, ainsi que la route de Verdun à Metz, au village de Rezonville, et l'on descend la vallée entre les bois de Vionville et des Prêtres à droite, et le bois de Saint-Arnauld à gauche, pour arriver à Gorze par le ravin de la côte Mouza.

Nous passons sur le champ de bataille de Mars-la-Tour ; les débris qu'on voit, le terrain foulé, les rangées de cadavres amoncelés sous un peu de terre, trop peu, dans bien des endroits, pour empêcher les émanations putrides, tout cela démontre combien l'affaire a été chaude. On passe dans le village de Rezonville, où les maisons et les murs de clôture sont criblés par les projectiles ; il y reste peu, ou point, d'habitants ; mais en revanche, des troupes ennemies partout, dans les villages, dans les bois, dans les fermes isolées, enfin partout, grand déploiement de forces ; il est facile de reconnaître que nous ne sommes pas éloignés de Metz.

Nous arrivons à Gorze à la nuit tombante ; nous espérions pouvoir nous loger chez les habitants, mais, en m'adressant à un monsieur pour savoir où l'on pourrait se loger, il me répondit qu'il avait bien deux lits à offrir, mais que l'autorité militaire avait défendu aux habitants de loger des officiers prisonniers ; il me fit accepter un paquet de cigares et une tablette de chocolat.

On fit avancer la colonne, disant que les officiers seraient tous logés au château Sainte-Catherine, et la troupe dans la ferme. On nous conduit, en effet, dans une cour de la ferme de ce château, des écuries sont ouvertes pour les officiers, et la troupe reste dans la cour ; les sentinelles bordent l'intérieur de la cour, et l'extérieur est gardé par un cordon de troupes, tellement serré que les sentinelles sont à environ trois mètres les unes des autres.

Les écuries destinées aux officiers sont bientôt remplies, et le surplus se trouve dans la cour ; j'étais de ce nombre. On nous donne un peu de paille, et c'est alors que j'offre mon lard puant à une sentinelle prussienne, qui revient ensuite m'apporter une grosse botte de paille, que je partage avec un capitaine d'artillerie, mon voisin. La nuit était froide, une gelée blanche couvrait le sol, et la nuit sembla bien longue. Quand le jour parut, on fit un peu de feu dans un jardin, mais il y avait tant de monde qu'on ne pouvait approcher qu'avec peine.

On envoie des gamins à Gorze, pour acheter du vin et du pain ; l'opération n'était pas très facile, les sentinelles ne laissant approcher les personnes qu'avec la plus grande difficulté ; je pus cependant obtenir une bouteille de vin pour deux francs cinquante centimes, et une miche de pain d'environ six livres pour cinq francs ; encore étions-nous deux pour la partager. Un artilleur qui s'était avancé, un peu trop, pour acheter des vivres, reçut d'une sentinelle prussienne un coup de feu dans le côté gauche ; la blessure paraissait grave ; l'homme fut transporté au poste, et de là, probablement, dans une ambulance ; il n'est guère probable qu'il ait survécu à sa blessure.

Lundi 12 Septembre 1870. — Départ de la ferme Sainte-Catherine de Gorze à sept heures du matin ; la matinée est froide, mais le temps est beau. Nous arrivons à Novéant, qui est fortement occupé ; le parc d'artillerie est établi dans une prairie, à l'entrée du village ; en face, sont des jeunes chevaux, qu'on soumet au dressage.

Nous traversons le village ; les maisons sont remplies de Prussiens, et malgré leur vigilance, des habitans font passer des bouteilles de vin aux officiers, qui les payent à un prix assez élevé, relativement.

Nous passons la Moselle sur un pont de bateaux, établi par les Prussiens en amont du pont de fils de fer, et arrivons à Corny, situé sur la rive droite de la Moselle. Là se trouve le quartier-général du prince Frédéric-Charles.

On procède à l'échange de sept officiers prisonniers de notre colonne : ces officiers sont dirigés sur Metz, où l'échange devait avoir lieu.

Nous prenons la route qui conduit à Remilly. Tous les villages que nous traversons sont également occupés ; dans l'un d'eux, où l'on s'arrête assez longtemps, j'ai pu obtenir, d'une femme, une demi-douzaine d'œufs, et un peu de pain noir. J'entre dans une auberge pour faire cuire mes œufs, ce que je ne pus obtenir qu'avec une grande difficulté, tant on avait peur des officiers prussiens. Enfin la colonne reprend sa marche, et nous venons faire halte près du village de...

On apporte des baquets de bouillon, et Dieu sait quel bouillon ; la distribution se fait, et malgré le grand nombre d'officiers n'en prenant pas, il n'y en a pas eu pour tout le monde. J'avais mes œufs et un léger morceau de pain dont je fis mon repas, seulement je n'avais rien à boire. Nous parvînmes à la première maison du village, non sans peine ; deux hommes se querellaient avec la maîtresse de la maison, qui voulait faire payer aux hommes l'eau qu'elle venait d'offrir ; j'en reçus cependant une tasse, et, on ne me demanda rien ; il est vrai que j'avais menacé ces gens de les faire attacher, tandis qu'on boirait l'eau de leur puits ; le malheureux puits fut bientôt épuisé.

A quatre heures, on donne le signal du départ ; une nouvelle escorte se présente, se met en bataille, et charge les armes devant nous, puis nous rompons en colonne. La route est assez belle, mais de distance en distance, on trouve des chevaux morts dans les fossés, et en putréfaction : cela rappelle l'île de Glaire près Sedan. Après un parcours assez long, nos chevaux, manquant de nourriture, menacent de ne pouvoir avancer ; quelques officiers ont des bagages dans nos voitures, et on décide de marcher à pied pour alléger la charge. Nous marchons encore pendant près de quatre heures, et enfin, à minuit, nous arrivons à Remilly. Chacun courre pour avoir des vivres : j'entre dans une auberge, où l'on s'était décidé à vendre du vin ; il y avait foule ; ce vin se vendait au début un franc, puis deux francs, puis trois francs et enfin cinq francs la bouteille. J'eus le bonheur de me trouver dans les prix de deux francs, et j'en achetai deux bouteilles. Nous nous rendîmes à la gare ; la cour était déjà encombrée par des troupes arrivées avant nous ; cela ressemblait à ces marchés d'esclaves qu'on nous montre sur des gravures.

Mon ordonnance, que j'avais envoyé à la découverte de vivres, revient avec quatre petits pains et le quart d'un fromage de Marolles ; et au moyen d'une de nos bouteilles de vin, cela fit notre repas.

Mardi 13 Septembre 1870. — A une heure du matin, on forme notre train ; les officiers sont établis dans des bagnolles à bestiaux où l'on avait placé des planches pour s'asseoir ; les hommes de troupe ont été entassés dans des wagons découverts ; et à deux heures et quelques minutes, le train se mettait en route pour l'Allemagne.

Nous arrivons à Sarrebruck à sept heures du matin ; on fit un arrêt d'environ une heure, et nous pûmes prendre du café noir, sans sucre, et des petits pains, à un prix assez raisonnable. Le train se remet en route ; nous passons à Neunkirch, Hombourg, Landstuhl, Kaiserslautern, Weidenthal en face du pic de Soffelkopf, Neustadt (bifurcation), Hasloch, Oggersheim, et nous arrivons à Manheim à huit heures du soir, où l'on fait arrêt d'une heure et demie. La troupe reçoit des vivres, et le buffet de la gare est bientôt envahi. Le peu de provisions qu'il y avait disparaît en un instant, et tout le monde n'a pas des vivres.

Le train reprend sa marche pendant toute la nuit ; le temps est pluvieux, et la nuit est froide ; on cherche à dormir un peu, mais le froid s'y oppose.

Mercredi 14 Septembre 1870. — A la suite des fraîcheurs et du manque de nourriture convenable, je me sens pris de diarrhée très forte, et crains la dyssenterie ; heureusement, nous touchons au terme de notre voyage, et par les soins et une bonne alimentation, l'équilibre s'est rétabli au bout de quelques jours.

Pendant le parcours de cette journée, nous passons à Fulda, Darmstadt, Aschaffenberg, Annau, Gotha, Eissnack, et nous arrivons enfin à Erfurt, à neuf heures du soir, après être restés quarante-trois heures dans les mêmes wagons.

Nous nous formons sur le quai de la gare ; puis on rompt en colonne, pour traverser la ville, et venir nous installer dans un bâtiment de l'artillerie, situé en face de la cathédrale et appelé le...

Ce bâtiment avait été approprié pour recevoir des captifs : plancher neuf, tables neuves, bancs neufs, un grand passage au milieu, et des paillasses rangées, la tête au mur, à droite et à gauche. Au-dessus, un étage aménagé de la même manière.

Le général commandant la place se trouve là pour nous recevoir : c'est un vieillard fort gracieux et doux, ne demandant qu'à rendre la position douce à tous. Je demande à loger en ville comme étant malade, et le général donne l'ordre de me laisser sortir. Un soldat me conduit au Grand Hôtel, situé sur la place, et dit au maître de l'établissement que, par autorisation du général, on pouvait me délivrer une chambre.

Peu de temps après, on voit arriver grand nombre d'officiers pour dîner ; nous nous installons à table, et on nous sert un bouillon, du bœuf et des pommes de terre, puis un sous-officier, parlant français, vient nous annonçer que le bouillon, le bœuf et les pommes de terre étaient servis moyennant cinq silbergrochen payés par la caisse de guerre, qui ne pouvait allouer une somme plus forte pour chaque officier, et que tout ce qui serait demandé en outre, serait à la charge du consommateur. On ne s'arrêta pas à cette minime offrande, qui nous fut retenue plus tard, non à cinq silbergroschen, comme on l'avait annoncé, mais à quatorze silbergroschen, ou un franc soixante-quinze centimes.

On continue le dîner, dont on avait été privé depuis Etain ; on avait du vin à 2 fr. 50 centimes la bouteille, et des perdreaux, à soixante quinze centimes. Nous devons ajouter que les derniers arrivés n'eurent que le dîner de la guerre, et encore très difficilement.

Après le repas, la majeure partie des officiers retournèrent à l'établissement du... pour y passer la nuit : je me rendis à la chambre qui m'avait été assignée et fus très content d'avoir un lit, quoi qu'il n'eut que les dimensions d'un canapé et pas de draps. La troupe est campée hors ville.

Jeudi 15 Septembre 1870. — A huit heures, les officiers sont réunis ; on en désigne une partie pour aller occuper Alberstadt et Magdebourg et l'on nous prévient que tous les officiers qui auront arrêté des logements en ville y resteront ; et que ceux qui n'en seront pas pourvus, seront dirigés sur une autre ville. Dans la même journée, tous les officiers sont pourvus de logements, mais on décide ensuite que le nombre des officiers à Erfurt étant trop considérable, une partie devait encore évacuer sur Aschersleben. Les Artilleurs et les Chasseurs d'Afrique font des démarches auprès du général pour rester à Erfurt, et obtiennent ce qu'ils ont demandé. Nous recevons l'ordre de nous réunir le lendemain à dix heures du matin pour prendre la voie ferrée à onze heures. Nos ordonnances, qui campent à l'extérieur de la ville, restent séparés de nous, et ne nous suivent pas.

Notre journée est employée à visiter la ville et sa magnifique cathédrale, où l'on y voit une très grande quantité de tombes en bronze, avec des personnages en relief.

Erfurt est une vieille ville, possédant deux ou trois rues larges, et une grande place, à moitié vide d'entourage, et où chaque maison laisse déborder, devant sa porte, un perron de cinq, six, sept ou huit marches, sur la voie publique.

Des cours d'eau sillonnent la ville, et donnent une humidité qui cause de nombreuses maladies tous les ans.

Vendredi 16 Septembre 1870. — A dix heures du matin, les officiers devant quitter Erfurt sont réunis, et dirigés sur la gare ; nous montons en wagons, et cette fois-ci, dans des wagons de seconde et de troisième classes, pour prendre la direction d'Aschersleben. On passe à Weymar, petite ville avec trois églises ; Apolda, qui paraît très peuplée, mais ressemble à un village très étendu ; Sulza, où l'on aperçoit, de la gare, plusieurs usines ; Kösen, peu étendu, ayant l'apparence d'un bourg moyen ; Naumburg, ville d'une étendue moyenne, située au milieu d'un vignoble, et possédant cinq églises ou temples ; Weissenfels, ville située à droite de la voie, ayant un château, deux églises, une gare neuve importante ;

Corbetha ;

Mersbourg ;

Halle, grande gare, ville importante par son Université, mais qu'on ne peut apercevoir de la gare ;

Cothen, ville manufacturière, possédant plusieurs sucreries, et une bifurcation de chemin de fer ;

Bernburg ;

Gaenten ;

et enfin Aschersleben, où nous arrivons à huit heures du soir.

Le major Franceski, commandant la place, et le lieutenant von Ochs, commandant le dépôt de hussards, sont à la gare pour nous conduire dans les logements qu'on nous assigne par billet.

Je suis conduit chez M. Pfeffer, qui devint plus tard notre maître de pension ; il possédait une chambre à deux couchettes, qui était louée, de la veille, à un officier du 4e régiment de lanciers, nommé Seigneuret, qui me donna l'hospitalité pour la nuit. Le lendemain, M. Pfeffer veut bien me conduire dans la ville, pour y chercher un logement, que je trouve sur la place du marché, n° 72, chez M. O. Liebrechs, bijoutier. Je vais ensuite acheter du drap chez M. Feldheim, pour faire un pantalon et un gilet, puis six mouchoirs de poche, et deux chemises. Chez de Beaux : un chapeau et une cravate ; chez Lüdicke : six faux cols ; chez Harwitz : un veston ; et je prends mesure d'une paire de bottines. Quatre jours après, je pouvais déposer le vêtement que je portais depuis le commencement de la campagne et reprendre une tenue propre.

COPIE

DES LETTRES DU CAPITAINE BILLOT A SA FEMME

I. — *Camp de Châlons, 10 Juillet 1870.* — Les affaires Prusso-Espagnoles font ici grand bruit, on se croit déjà à la frontière. Hier, dans tous les cafés chantants du Grand Mourmelon, on criait à tue-tête : Le Rhin Allemand? Le Rhin Allemand? Les chanteuses ne savaient pas ce qu'on leur demandait et personne n'a pris l'initiative de l'entonner dans les salles. Ce soir, suivant toute probabilité, les vers de Musset doivent faire résonner les salles du Mourmelon, et nous nous proposons d'aller entendre ce fameux Rhin Allemand. Dans tout le camp on ne peut sonner à l'ordre dans un régiment, en dehors des heures habituelles, sans qu'immédiatement on entende pousser des hurras par la troupe, qui crie : Nous partons! nous partons! Quand on crie sur une rive du Cheneu, l'autre rive répond ; et ce bruit produit l'effet de l'étincelle qui enflammerait toute la ligne. On attend ici avec anxiété la réponse à l'ultimatum envoyé à la Prusse : c'est demain, dit-on, le dernier jour.

Demain, petite guerre ; réveil à 3 heures. Nous devons aller nous établir près de la ferme de Suippes : ce sera pour nous une rude journée. Notre inspection générale est commencée et on la mène lentement. J'ai renouvelé ma demande pour les places[1] sans plus d'espoir que l'année dernière. Dans la division de cavalerie qui est ici, il reste, proposés de l'année dernière, trois officiers et le Général ne peut en porter que deux ; enfin, j'ai toujours demandé : nous verrons ce qui arrivera. Il n'est pas possible que j'aille en permission en ce moment.

II. — *Camp de Châlons, 16 Juillet 11 heures du matin.* — Ce matin un officier d'ordonnance du Ministre de la guerre, venu ici pour remettre des ordres nouveaux au Général en Chef, nous annonçait que les cuirassiers avaient encore plusieurs jours à rester ici. Cela était peu croyable pour nous, qui avions touché à minuit deux journées de vivres de campagne, et du café pour quatre jours. A onze heures aujourd'hui, l'ordre officiel vient nous annoncer notre départ du camp pour le 20 à quatre heures du matin, pour nous rendre à Lunéville, nous joindre à la brigade de Cuirassiers qui y est déjà. Voici notre itinéraire : le 20 à Auve, le 21 à Clermont, les 22 et 23 à Verdun, le 24 à Woëlle, le 25 à Pont-à-Mousson, le 26 à Nancy, le 27 à Lunéville. Nous ne savons le temps que nous resterons à Lunéville ; mais il est présumable que ce sera pour peu de jours. Nous faisons partie du 2e corps d'armée de l'Armée du Rhin. Il ne m'est pas possible d'aller vous voir à Thionville ; mais il te serait facile de venir à Nancy où on ne sera probablement pas détaché. A cet effet tu pourrais prier ta maman de t'accompagner et nous pourrons passer un instant tous ensemble.

1. Le capitaine désirait obtenir le commandement d'une place de guerre.

Notre Régiment part d'une seule colonne et nous pensons prendre à Nancy les hommes et les quelques chevaux qui nous manquent et que le dépôt enverra de Toul.

Les Régiments du camp vont partir successivement : l'infanterie par les voies rapides. Toute la journée, les artilleurs garnissent leurs caissons, et quatre batteries partent ce soir. Jour et nuit on distribue des vivres de campagne et des munitions de guerre. Les tentes des régiments partants restent debout pour pouvoir être bien plus vite occupées par des régiments de passage. Ma santé est bonne, mes chevaux se portent bien ; plusieurs officiers et moi avons commandé chacun un bon revolver, nous pensons les recevoir dans deux ou trois jours.

III. — *Camp de Châlons, 19 Juillet 1870.* — Hoffman, de l'abattoir de Thionville, est arrivé ici dimanche à midi ; il avait quitté Thionville samedi, à cinq heures du soir, et il nous avait fait part de cette entrée prussienne à Sierck, puis du sous-officier de dragons qui est allé en reconnaissance à Sierck avec son brigadier et ses quatre hommes, et qui est venu rendre compte que vers la montée de la douane, au-delà d'Apach il avait vu *un tas* de hulans observant la frontière.

La veille on nous avait annoncé, au camp, que Luxembourg avait été occupé par les Français, qui n'avaient précédé les Prussiens que d'une heure. Le lendemain, un Monsieur venant, disait-il, de Luxembourg, annonçait que les Français occupaient la partie haute de Luxembourg, et que les Prussiens s'étaient emparés des ouvrages au-delà du Pfaffenthal ; que Luxembourg était bien occupé et que les habitants avaient illuminé en l'honneur des Français. De même, hier matin, on annonçait que notre régiment avançait son départ d'un jour et se dirigeait sur Thionville. De tout cela il n'en est rien : notre itinéraire reste le même ; seulement le général demande que nous passions par Toul et Nancy au lieu de passer par Pont-à-Mousson ; afin de pouvoir ravitailler au dépôt. Je crois qu'on n'obtiendra rien et que le dépôt enverra à Nancy ce qui nous est nécessaire en hommes et en chevaux. Le 1er de cuirassiers est parti ce matin ; nous, nous partons demain matin. Je voudrais bien être en route ; car ici, ce n'est plus tenable, de revues inutiles. Hier on a reçu des promotions : Frolet est capitaine, Pinte est lieutenant, et Freund, mon ancien maréchal des logis-chef d'Amiens, est sous-lieutenant (trésorier). Le fils Billet est aussi nommé officier : s'il fait partie des escadrons de guerre, son père colonel du 4e de cuirassiers veut me le donner ; j'ai dit que je voulais bien ; mais je tiendrais peu à l'avoir.

J'ai reçu ce matin de Paris, par d'Orcel, le revolver dont je te parlais dans ma dernière lettre. Il est à six coups: c'est une bonne pièce ; mais qui coûte *cent cinq francs*. D'Orcet en a rapporté pour tous les capitaines qui n'en étaient pas encore pourvus.

Le Camp commence à devenir silencieux : il ne reste plus que le régiment d'infanterie de marine, un peu d'artillerie, un peu de train et nous. Toute la nuit les troupes ont défilé devant notre campement, pour se rendre à la gare d'embarquement.

Aussitôt qu'un train de wagons vides arrive, on le remplit et il repart de nouveau. Le camp reste dressé pour la Mobile. Ici les officiers n'ont pas de tentes : les magasins n'en possédent plus ; aussi chacun s'est organisé à sa guise. Nous avons pris chacun quatre tentes-abris de troupe et on les dispose de manière que deux forment les toitures et les deux autres ferment les bouts; de cette façon, on pourra être abrité à moitié ; et si nous pouvons trouver, à Nancy ou à Lunéville, un système de lit de campagne, nous tâcherons de nous en arranger : nous trouverons, dans tous les cas, des couvertures de laine.

J'ai trouvé ici un chef d'escadrons d'artillerie, qui est marié avec une cousine de la famille : c'est le chef d'escadrons Legrand, qui a épousé, je crois, une demoiselle Robert. Je devais aller le voir hier ; mais le temps m'a manqué : j'espère pouvoir y aller aujourd'hui.

IV. — *Lunéville, 30 Juillet 1870,* — A notre arrivée à Lunéville, nous pensions ne rester qu'une journée et filer plus loin ; aussi j'attendais, d'heure en heure, pour t'écrire et te renseigner sur notre nouvelle destination. Aujourd'hui, nous n'avons pas plus d'ordre de départ que le premier jour, et je ne veux pas rester plus longtemps sans te renseigner.

Nos distributions ne se font que jour par jour, ce qui démontre que nous ne séjournerons pas bien longtemps ici. A notre arrivée, nous nous attendions à trouver une forte garnison de cavalerie. Il n'en était rien. Lunéville n'avait que sa paisible garnison de cuirassiers. Nos anciens propriétaires sont venus nous offrir l'hospitalité. Mme Bapst avait envoyé M. Alphonse pour me prier de bien vouloir accepter les chambres d'en haut, que j'occupais pendant ta maladie, au printemps de l'année 1870. J'y suis installé depuis deux jours et cela me fait d'autant plus de plaisir que je me retrouve là comme du temps où nous y vivions tous, excepté que j'y suis seul.

Madame de Bremond d'Ars occupe le premier étage,

notre ancien logement, avec son personnel de domestiques : son mari est à la frontière, et leur départ a été si précipité, que l'ordre était arrivé à trois heures de l'après-midi, pour partir à cinq heures. On courrait chercher les dames à la promenade, les enfants à l'école, pour venir embrasser et mari et papa, avant qu'il ne se mette en selle.

Le terrain de manœuvres est occupé par du train d'artillerie, de l'artillerie, et les chasseurs d'Afrique. On vient de régler nos ordres de distribution en conséquence.

Pour ce qui est de nous, nous nous nettoyons, nous remettons tout en ordre pour le départ, qui arrivera je ne sais quand : dans tous les cas, je t'écrirai un mot à mon départ, ou bien dans deux jours, si nous ne sommes pas partis. Je vais prendre la semaine demain, et ce sera pour moi une double besogne : enfin, c'est le métier.

Bernard est arrivé à l'escadron. Je l'ai pris comme second ordonnance pour conduire mon deuxième cheval. Il devait venir chez l'oncle Girardin, à Saint-Nicolas-du-Port, et il en a été empêché par son rappel à l'activité.

Ma santé est toujours très bonne et mes chevaux vont bien : c'est le principal. Ecris-moi à Lunéville, la lettre suivra toujours.

V. *Lunéville 1er Août 1870.* — Ce matin nous avons reçu ordre de départ de Lunéville, pour nous diriger sur Brumath, en passant par les gîtes ci-après : 2 août à Vic ; 3 août à Fénestrange ; 4 août à Phalsbourg ; 5 août à Brumath.

Les quatre régiments de cuirassiers quittent Lunéville le même jour et à la même heure ; on part par brigade : la première composée des 1er et 4e cuirassiers (général Girard) suit l'itinéraire indiqué plus haut. La 2e brigade

(2e et 3e cuirassiers) prend la route de Strasbourg pour ne rejoindre qu'à Brumath.

Les chasseurs d'Afrique commencent à arriver ici, et prendront probablement le casernement de la ville jusqu'à entière arrivée. Trois escadrons de cette arme sont arrivés la nuit dernière, et campent sur le terrain de manœuvres, en avant de la grille du Bosquet. Il y a, campées auprès d'eux, une compagnie du train et deux batteries d'artillerie, dont une de mitrailleuses, qui doit marcher avec nous.

Un jeune officier d'artillerie nous a fait la gracieuseté de nous montrer, en détail, ces mitrailleuses dont on parle tant. Cela me donne l'avantage de pouvoir m'en servir si le besoin s'en faisait sentir ; puis de connaître les moyens les plus prompts pour les mettre hors de service, s'il en tombait entre nos mains. J'ai reçu ta lettre ce matin : elle m'a fait bien plaisir. Envoie-moi des chemises de flanelle violette à Brumath (Bas-Rhin) avec l'adresse ainsi indiquée : Armée du Rhin. Cavalerie de réserve. 4e de cuirassiers. M. Billot capitaine-commandant à Brumath.

Lorsque tu ne sauras pas où nous serons, l'indication sera la même, excepté qu'au lieu de mettre Brumath, tu ne mettras rien du tout, ou le nom du gîte, si tu le connais. Les lettres n'auront pas besoin de timbre d'affranchissement.

Je n'ai pas d'autre tente que ma petite ; mais Madame Bapst vient d'écrire à l'un de ses correspondants de Paris pour en expédier une le plus promptement possible. J'ai pris chez elle un surfaix avec des peaux de moutons et doublé de coutil bleu et blanc. Comme j'étais présent au déballage, j'ai choisi avant tout le monde et j'ai été le mieux servi. Ces Messieurs se sont empressés d'accourir pour pouvoir faire leur choix et en un rien de temps tout a été enlevé. Il n'y avait que deux sacs. Le lieutenant-colonel baron Lacour a pris celui qui restait après mon choix, et s'il avait vu le mien, il aurait bien certainement été furieux : ce sac me coûte moins cher que le sien et est bien plus beau. Le prix est quatre vingts francs pour lui et de soixante quinze francs pour moi : c'est un véritable lit.

J'ai fait expédier par Seger, pour ta mère, une soupière et un légumier en faïence de Lunéville, tu les lui offriras de ma part.

VI. *Marsal 2 Août 1870.* — Nous sommes arrivés à Marsal depuis une heure. Trois escadrons détachés de l'étape, un du 1er Régiment, et deux du 4e Régiment.

Pour entrer en campagne, on fait conduire notre second cheval pas un homme à pied ; ce qui est très fatigant pour l'homme chargé de ce soin. Comme c'est le brave Bernard que j'ai choisi pour ce service, je viens de prendre de nouvelles dispositions. C'est-à-dire qu'au lieu de me servir de cantines sur mon second cheval, je viens de les supprimer et de les remplacer tout simplement par un sac placé sur la selle anglaise, contenant dans ses extrémités pendantes une paire de bottes, un caleçon, une chemise, une paire de chaussettes et un mouchoir de poche. De cette façon, Bernard pourra monter sur mon second cheval et n'aura pas la misère de marcher à pied, traînant un cheval par la figure.

Ainsi donc je viens de mettre mes cantines vides sous toile et les expédier à Thionville. J'ai de même envoyé ce matin de Lunéville un crible et deux licous d'écurie par un autre envoi. Ces objets sont envoyés sans être affranchis et adressés au Père *(Putz)*, tu voudras bien lui en rembourser le port et mettre tout cela dans un des coins du grenier. Rien autre.

VII. *Phalsbourg, 4 Août 1870.* — Depuis ma dernière lettre, j'ai à te parler de ma rencontre avec M. Leroy, le cousin d'Alfred Saur, qui commande la place de Marsal. J'avais été lui faire une visite et je ne l'avais pas rencontré. Il est venu me faire demander à la pension : mais à peine était-il assis, qu'une dépêche de service le réclamait à son bureau. Il est venu me rejoindre ensuite et nous avons passé la soirée ensemble. Il m'a offert deux bouteilles d'eau-de-vie de mirabelles que j'ai réservées pour les moments difficiles.

Hier nous sommes arrivés à Fénestrange. Là, la brigade a été installée hors ville, dans une prairie appartenant à un M. Bruck, que j'ai connu il y a vingt-deux ans. Son frère était sous-officier au Régiment, et j'ai eu l'avantage de loger chez M. Bruck qui a une habitation hors ville, près du terrain où nous campions. Dans la journée, ces dames sont venues visiter le campement et je ne me doutais pas en causant avec la dame du notaire que j'étais avec une parente de la tante Stanis (Martin du Gard, conservateur des Hypothèques). Mademoiselle Bruck m'a dit qu'Alice (Martin du Gard épouse de Poinsot), était venue faire des visites, avec son mari, il y a deux mois.

Aujourd'hui nous sommes installés à Phalsbourg. Les régiments campent sur les glacis de la ville, et les officiers supérieurs et capitaines logent en ville : c'est probablement pour la dernière fois que je couche dans une chambre avant la campagne ; car demain on assure que nous serons nombreux à Brumath.

J'écris difficilement et à la hâte; mais j'ai voulu le faire puisque nous en avons encore la possibilité. Demain je t'écrirai si cela est possible. Ma santé est très bonne et tout marche bien jusqu'à ce jour.

VIII. *Haguenau, 5 Août, 8 heures du matin.* — Hier soir, j'avais à peine mis ma lettre à la poste, que dans la ville de Phalsbourg, on sonnait à cheval. J'avais dormi environ vingt minutes, qu'il a fallu se lever et monter à cheval pour partir à dix heures et demie. Nous avons voyagé toute la nuit, et l'obscurité ne nous permettait pas de marcher au trot. Il y a donc eu nécessité de marcher au pas. A minuit, nous traversions Saverne, où quelques rares habitants ont eu la générosité de mettre des lumières aux fenêtres pour éclairer les rues.

La cause de cette marche de nuit la voici :

Wissembourg, dégarni de troupes depuis longtemps, avait été occupé par la division du général Douai. La cavalerie, 3e hussards et 11e chasseurs campaient sur les hauteurs, quant tout à coup ils furent enveloppés par un mouvement tournant des Prussiens, dont le nombre est porté de 80 à 120 mille hommes.

De notre côté, il y avait environ dix mille hommes, nombre trop inférieur pour pouvoir tenir longtemps. Les nôtres ont éprouvé des pertes sensibles. Un régiment d'infanterie n'a ramené que 12 officiers. Le général Douai a été tué au début de l'action : c'est une perte pour l'armée. Le 11e chasseurs a beaucoup souffert. Enfin, Haguenau est encombré de troupes venant de toutes les directions. Plusieurs régiments d'infanterie, six régiments de cuirassiers, de l'artillerie etc., etc., etc. Nous sommes campés dans une prairie; les chevaux restent sellés; on se hâte de les faire manger et de faire faire la soupe aux hommes. On pense que nous nous remettrons en route à dix heures : ce sera trois heures de repos. C'est bien peu ; surtout pour les chevaux qui ont déjà doublé l'étape.

J'ai voulu te donner ces détails, pour que tu sois fixée sur notre position, car je ne sais où nous serons dans quelques heures.

L'aide de camp de notre général vient de me dire que Wissembourg avait été repris par nos troupes (corps de Mac-Mahon) ce matin à trois heures. Je ne sais si cette nouvelle est bien certaine, les détails viendront plus tard. Au moment où j'écris, un régiment entre à Haguenau ; puis derrière, encore un autre ; je ne sais d'où ils viennent. On concentre probablement pour demain. Rien autre à te dire.

Nota. — Lorsque nous étions ensemble, je devais te donner la note des caisses restées à Toul en cas de malheur. il y en avait quinze ; depuis, j'ai expédié du camp ma grande malle et ma valise en cuir ; ce qui porte le tout à 17 caisses.

IX. *Saverne, 7 Août 1870.* — Hier en t'écrivant (cette lettre manque) je ne m'attendais pas à voir commencer l'affaire aussi vite. Je terminais ma lettre à sept heures et demie, et à huit heures nous montions à cheval, pour nous porter en avant, au village de Wœrth, où l'affaire était engagée, laissant au campement les bagages et les hommes à pied. L'affaire a été dure, surtout pour les Cuirassiers, qu'on a sacrifiés, pour attendre une fraction qui n'arrivait pas. Nous chargions dans des ravins ; les feux de face et de flanc nous criblaient. Nous ne connaissons pas encore nos pertes. Nous nous sommes repliés sur Saverne, où nous sommes arrivés hier soir à minuit, n'ayant pas mangé depuis la veille et étant restés seize heures à cheval sans descendre.

Le fils du colonel Billet, qui était devant mon premier peloton, a été le premier frappé, par une balle qui a glissé de la cuirasse au menton.

Dans notre première charge, puisque j'étais en tête, un homme a été coupé en deux par un boulet, et le chef d'escadrons Broutta avait le bras droit emporté par un boulet.

Peu après, nous rentrions en colonne, où l'on n'était pas tout à fait aussi maltraité qu'à la charge ; mais où les projectiles pleuvaient sur nous.

D'Eggs est tombé mortellement frappé à la première charge ; on croit le colonel Billet mort, ainsi que Peltier et deux autres officiers.

L'armée se rétablira à Saverne, je pense. Ici il y a de toutes les armes. La ville est remplie à ne pouvoir circuler.

Nos bagages, restés au camp, ont été perdus ; je n'ai plus rien que ce que je porte sur moi. Mon second cheval a été sauvé par Bernard, qui a affronté des passages difficiles sous le feu de l'ennemi pour venir me rejoindre.

Cette affaire me coûte cher comme argent, mais je peux encore vous écrire. La revanche ne se fera probablement pas longtemps attendre. Des six régiments de Cuirassiers que nous étions, trois ont perdu leur colonel.

X. — *Colombey, 12 Août 1870.* — Depuis notre départ, j'ai écrit presque tous les jours et ne sais si mes lettres sont parvenues à destination. Ma dernière est de notre rentrée à Lunéville, où nous sommes restés un jour, et partis le lendemain pour Bayon. Là, beau temps à l'arrivée ;

puis pluie toute la nuit et le reste du lendemain, où nous nous sommes mis en route pour Colombey.

A Colombey, nous sommes campés près du village, et devions partir ce matin à cinq heures, pour la direction de Bar-le-Duc, et de là probablement au camp de Châlons, pour nous reformer. Ce matin, contre-ordre ; nous passons encore la journée ici. Le train d'artillerie est retourné sur Vézelise, et nous restons ici, deux divisions de cavalerie et de l'artillerie. Peut-être partirons-nous dans la soirée pour je ne sais où : les lettres étant interceptées pour la plupart, je prends une voie nouvelle : de pharmacien à pharmacien. Je ne suis pas inquiet de vous et désire que vous ne le soyez pas de moi. Espérons que les évènements nous permettront plus tard de mieux correspondre. Il me reste la tenue que j'ai sur moi et deux chemises : je viens de redemander des effets militaires à Toul. Aime moi comme je t'aime de tout mon cœur.

Signé : Billot.

Les autres lettres jusqu'à celle du 6 octobre 1870, datées d'Aschersleben, ne sont pas arrivées à destination.

Les lettres d'Aschersleben pour Thionville étaient transmises par l'obligeant M. Joseph Schüller, rentier, devant le pont de la Moselle, à Coblentz.

XI. — *Aschersleben, 6 Octobre 1870.* — Je viens d'apprendre, par une lettre de ton père, que tu étais actuellement à Dôle avec Gaston. Je me hâte de t'écrire pour te faire connaître ma nouvelle résidence.

Après Sedan, les officiers de Cuirassiers de Lunéville ont été dirigés sur Erfurt ; puis, deux jours après, sur la ville d'Aschersleben, qui est un endroit assez agréable et qui n'a pas l'inconvénient des remparts. Les habitants sont au nombre de 15 à 16.000, et ont pour garnison un régiment de cavalerie.

J'ai trouvé, sur la place du Marché, au premier, pour dix-huit francs, un petit logement composé d'un salon et une chambre à coucher. La vue sur cette place est une distraction pour moi.

Notre pension est en face de l'église catholique et nous revient à près de soixante-dix francs avec de la bière. On ne peut se faire à cette cuisine allemande, mais somme toute, il faut bien y arriver. Nos promenades peuvent s'étendre jusqu'à une demi-heure de la ville, et dans ce cercle se trouve le Burghaus, promenade publique très bien entretenue, possédant des sentiers sous bois, un jardin et un débit de bière avec de vastes salles où l'on fait de la musique les jours de fête. Ce Burghaus est l'emplacement d'un vieux château, situé sur un pic, dominant de profondes vallées, au milieu desquelles serpente un ruisseau, procurant des forces motrices aux différentes usines échelonnées sur son cours.

Ma santé n'est rien moins que très-bonne ; et la seule chose qui me préoccupe est de savoir quand finira ma captivité qui est à peine commencée.

XII. — *Aschersleben, 30 Décembre 1870.* — Ton cousin, le colonel de Viville est interné à Magdebourg : Henri Putz est tout à fait dans le nord de la Prusse ; nous avons 28° centigrades de froid.

XIII. — *Aschersleten, 31 Mars 1871.* — Le retard apporté à notre rapatriement n'est que le résultat des troubles qui surgissent à Paris.

XIV. — Lettre de M. Putz, premier adjoint de Thionville.

Nancy, le 30 Novembre 1870. — Notre maison de Thionville, rue de Paris, 162, est détruite jusqu'aux fondations : mobilier, linge, vêtements, approvisionnements, vins, papiers de famille, rien n'a pu être sauvé.

De la maison de mes parents, il ne reste que le grand corps de logis, qui est endommagé ; les trois ailes, formant la cour, sont détruites. Nous n'avons que ce que nous avions sur le corps ; encore n'étions-nous qu'à moitié vêtus, parce que le bombardement a commencé le mardi 22 novembre à six heures et demie du matin quand nous étions encore couchés. Nous ne nous y attendions pas, aucune disposition n'avait été prise. Octavie, ma fille, très courageuse, la servante Marie, et moi, avons descendu pendant une heure, malgré les projectiles, le linge et les vêtements à la cave, où Madame Putz, Louise et Henriette se sont réfugiées d'abord.

Nous les y avons rejointes ; et à midi, pendant une suspension d'une heure, nous avons respiré, espérant que le colonel Turnier capitulerait, la défense de la place étant impossible.

Déjà des habitations étaient endommagées, l'artillerie de la place était réduite au silence, les troupes abritées derrière les casemates ou derrière des épaulements. Amédée avait eu à côté de lui, dans la caserne voûtée, six hommes tués et quatre blessés, son fusil brisé entre ses mains.

Sur le refus du colonel, commandant de place, le bombardement a recommencé et n'a plus été qu'une œuvre de destruction de la ville, mais non un combat. Les fortifications sont restées intactes, et la troupe a perdu très peu de monde. Vers quatre heures, le feu a pris à la faîtière de la toiture ; et, manque de secours, il s'est propagé avec une fureur vertigineuse. A sept heures, tout était brûlé ; nous avions cependant descendu à la cave la literie, les vêtements, pendules, et quelques meubles.

Enfin nous avons fui dans la cave de M. Saur, père, sous une pluie de projectiles. Le feu se communiquait à la cave et détruisait nos dernières ressources. Les maisons voisines s'allumaient pour être détruites comme la nôtre. La grande maison Freling, rue Brulée, où logeait le docteur Capron, brûlait aussi, ainsi que six autres voisines ; le feu se communiquait aux bâtiments de ma maison, rue Neuve. M. Menon, mon voisin, évalue sa perte à 200 mille francs, la maison ne lui appartient pas ; ma perte est au minimum de cent cinquante mille francs.

Le lendemain 23 novembre, après une nuit cruelle, eut lieu une suspension, vers deux heures après-midi ; le sous-préfet, le maire, le président du tribunal, et les principaux habitants, sommes allés supplier le commandant de ne pas persister à faire détruire le restant d'une ville que la troupe ne défendait pas ; mais il n'a rien voulu écouter.

Vers une heure de cette journée, ne nous trouvant plus en sûreté dans la cave de M. Saur père, nous nous sommes réfugiés dans le caveau de l'église, la tour menaçant de crouler.

Les ouvertures de capitulation étant rejetées, le bombardement a recommencé à six heures du soir jusqu'au 24 à onze heures du matin. Il ne restait plus une maison intacte : cinquante n'étaient plus que des ruines, environ cent abîmées, de manière à devoir être prochainement abattues ; d'autres exigeront de grandes réparations. La caserne est brûlée, ainsi que le manège, la sous-préfecture, la mairie, le tribunal, etc.

La capitulation eut lieu à huit heures du soir. Le 25, à dix heures du matin, les troupes prussiennes sont entrées dans Thionville.

Le 26, je suis sorti de Thionville : j'ai eu mille peines de me procurer un véhicule pour arriver à Metz, d'où je suis parti à neuf heures du soir, par chemin de fer, pour Nancy. Je ne sais où je me poserai avec ma famille : je n'ai sauvé que mes titres de diverses natures et quelques couverts d'argent.

XV. — Lettre de Madame Putz, née Martin du Gard, du 9 Janvier 1881.

L'histoire de l'emploi du *pétrole* lors du bombardement est très vraie, et quand vous viendrez ici, vous pourrez voir, chez M. Auguste Saur, un grand récipient, comme une boîte à manchon, qui était rempli de petites boules, du volume d'un gros œuf, remplies de *pétrole*.

Ce gros projectile était lancé par une pièce du plus gros calibre, et en éclatant, les petites boules sautant, mettaient le feu à quarante, cinquante places à la fois ; et voilà comment notre maison, avec tout ce qu'elle contenait, y a passé.

XVI. — Nous croyons devoir mentionner que le capitaine Billot garda une longue bande arrachée au drapeau du 51e régiment d'infanterie et une partie de la frange d'or, lorsqu'il aida le colonel du régiment à détruire cet emblème, le 2 septembre ; mais il ne crut pas pouvoir le rappeler dans ses notes, écrites en captivité. Son fils possède encore ce témoignage du culte militaire.

Abbeville. — Imprimerie F. Paillart.

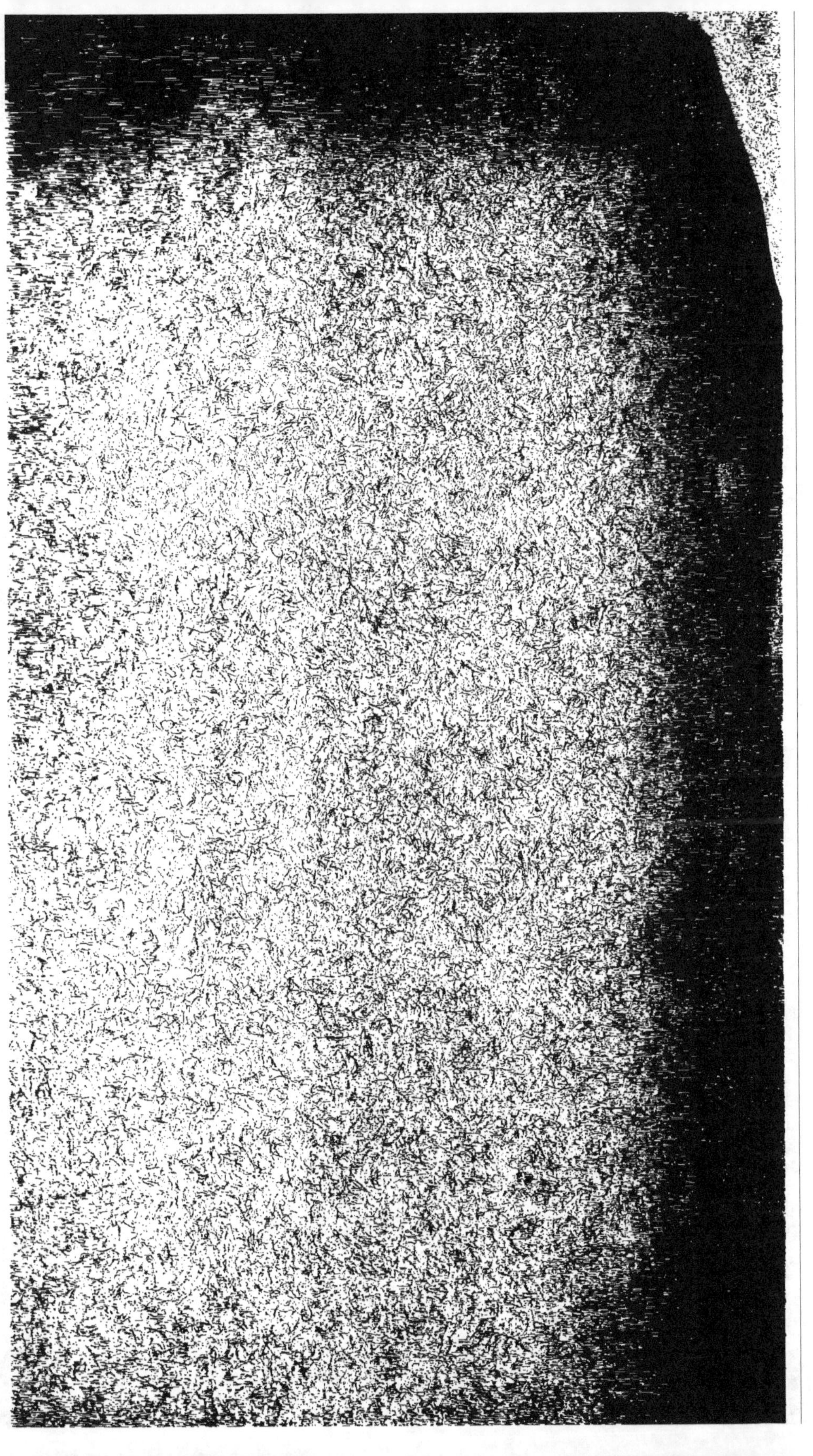

Librairie Ancienne Honoré CHAMPION, Editeur
5, Quai Malaquais, PARIS

Chuquet (A). *Lettres de 1815*, in-8 . . . . **3** fr. **50**
Lettres de 1812, in-8 . . . . **3** fr. **50**
Lettres de 1793, in-8 . . . . **3** fr. **50**
Lettres de 1792, in-8 . . . . **3** fr. **50**

Kervillek (Joseph). **Souvenirs d'un vieux capitaine de frégate.** 1re série. Campagne du Levant, 1826-29 ; 2e série L'enseigne de vaisseau. Campagne d'Alger, 1829-1833. 1893-1894, 2 vol. in-12 . . . . **5** fr.

La Trémoille (Duc L. de). **Souvenirs de la princesse de Tarente** (1789-1792). 1901, in-8, planches . . . . **5** fr.

Réfugiée en Angleterre, à sa sortie de l'abbaye, la princesse de Tarente, ancienne dame d'honneur de la reine, écrivit ses mémoires. Ils se rapportent aux premières années de la Révolution et finissent en 1792. C'est peut-être le témoignage le plus simple et le plus saisissant que nous possédions sur les massacres révolutionnaires.

Lettres d'un soldat à sa mère, 1849 à 1870. Afrique, Crimée, Italie, Mexique. Publiées par Jules Iapy. 1910, in-8, 296 pages et planches . . . . **5** fr.

Montalembert. **Correspondance de Montalembert et de Léon Cornudet** (1831-1870), faisant suite aux *Lettres à un ami de collège*, avec un avant-propos de Léon Cornudet, son petit-fils. 1905, in-8 . . . . **5** fr.

Ce recueil nous raconte le voyage de Montalembert à Rome ; en Allemagne où il réunit des documents pour ses *Moines d'Occident* et de la *Vie de sainte Elisabeth* ; à Madère. Tous les événements politiques et religieux de la période de 1831-1870 ont trouvé un écho éloquent dans cette correspondance.

Schmidt (Charles). **Les Sources de l'histoire de France,** depuis 1789 aux Archives nationales, avec une lettre-préface de M. A. Aulard. 1907, in-8. . . . . . . **5** fr.

Les demandes de recherches — la salle de travail — les inventaires — les sources de l'histoire d'un département, d'un canton ou d'une commune aux archives nationales — les séries départementales. Grâce à cet excellent répertoire « *en quelques instants tout travailleur saura ce qu'il peut trouver et ce qu'il doit demander aux archives nationales.* »

Aulard.

ABBEVILLE. — IMPRIMERIE F. PAILLART.

www.ingramcontent.com/pod-product-compliance
Lightning Source LLC
LaVergne TN
LVHW020343230826
846091LV00003B/972

* 9 7 8 2 0 1 1 9 0 1 8 2 8 *